Leopold Vielhaber

Livianische Studien

Leopold Vielhaber

Livianische Studien

ISBN/EAN: 9783744657938

Hergestellt in Europa, USA, Kanada, Australien, Japan

Cover: Foto ©Thomas Meinert / pixelio.de

Weitere Bücher finden Sie auf **www.hansebooks.com**

Livianische Studien I.

Von

Prof. Leopold Vielhaber.

I. Der Accus. c. Infin. fut. act. mit gesetztem Hilfsverb bei Livius.

Livius 21, 50, 10 schreibt man allgemein nach der zweiten Hand von M (= Codex Mediceus in Florenz): Pollicitusque est (Hiero), [ut] quo animo priore bello populum Romanum iuuenis adiuuisset, eo senem adiuturum; frumentum uestimentaque sese legionibus consulis sociisque naualibus gratis praebiturum,[1]) während P (= Codex Puteaneus in Paris) C_1 (= Codex Colbertinus in Paris) M, esse legionibus ... praebiturum, C_2 se .. praebiturum haben. Anlass zur Aenderung scheint zuerst ein allgemeiner Eindruck von der verhältnismässig seltenen Setzung des esse im Inf. fut. act. bei Livius und dann die Stellung des esse nach der Ueberlieferung der besten Handschriften gegeben zu haben.

Wie wenig in Bezug auf das erste noch Klarheit ist, zeigen verschiedene Anmerkungen Weissenborns. Wenn er zu 27, 18, 14 sagt „se ohne esse findet sich nicht selten beim Inf. fut. act.",

---

[1]) Das für Aenderungen von esse so bequeme sese ist als Subject des Acc. c. inf. fut. durchaus nicht so häufig, als man nach dem sonstigen zahlreichen Vorkommen dieser Form bei Livius vermuten sollte. In der dritten, also der vielleicht (durch den Puteaneus) am besten überlieferten, Decade erscheint es noch am häufigsten: 21, 45, 5. 22, 38, 4. 23, 14, 3. 23, 43, 3. 24, 29, 12. 24, 46, 3. 27, 26, 1. Aus der vierten habe ich mir angemerkt 35, 30, 9. 37, 55, 10. 40, 29, 11. 40, 44, 9. Aus der fünften, von der nur fünf Bücher und diese nicht vollständig überliefert sind, 42, 30, 3. 43, 41, 10. 45, 26, 12. Ueberhaupt habe ich in diesen drei Decaden, woraus ich mir die Stellen notiert habe, gefunden, dass sese als direktes Reflexiv. fast doppelt so oft vorkommt, als als indirektes.

so sieht man daraus noch nicht, dass die Stellen, an denen esse im Inf. fut. act. nicht gesetzt ist, die ungeheure Mehrzahl sind, während derjenigen, in welchen es steht, verhältnismässig wenige sind. Es besteht bei Livius ziemlich das gleiche Verhältnis, welches Dittenberger im Hermes III. S. 375 ff. für Cäsar nachgewiesen hat,[1]) und scheint auch hierin einer der Unterschiede der historischen Prosa von der rhetorischen Ciceros zu liegen. Trotz der verschiedenen Ueberlieferung, welche in jeder Decade bekanntlich eine andere ist, findet man keine auffälligen Unterschiede zwischen den einzelnen Decaden, wenn auch manche der selteneren Formen in gewissen Decaden etwas häufiger vorkommen als in andern. Der Stellen, an denen esse steht, sind im ganzen um 140, während ich das Fehlen desselben an mehr als 1200 gezählt habe.[2])

Wenn ferner Weissenborn in den späteren Büchern mehrfach geneigt scheint, sämmtliche esse, welche stehen, ohne dass das pronominale Subject se (oder eum) ausgedrückt ist, zu corrigieren, so wird ein Ueberblick über den factischen Bestand zeigen, dass dazu doch die Zahl der zu ändernden Stellen eine zu grosse wäre.

In der folgenden Darlegung des Livianischen Sprachgebrauches beschränke ich mich auf die Fälle, in welchen esse steht.[3])

A. Esse steht neben nicht pronominalem Subject.

1, 32, 3 regem .. acturum esse regnum rati. 4, 6, 4 tribunos aut totam deposituros aut post bellum dilaturos esse. 4, 10, 2 neque ita ... abituros Volscos esse 5, 3, 10 maximum hoc imperium .. breui futurum esse. 5, 15, 11 deos moenia Veientium defensuros non esse. 5, 20, 6 sensuras aequaliter omnium

---

[1]) 15 sichere Stellen mit esse, gegen 150 ohne esse; im achten Buche des b. g. keine mit esse, ebenso nicht im b. afr., im b. al. 3, im b. hisp. 4 mit esse, 3 ohne esse.

[2]) An ungefähr 460 fehlt es, wenn ein nicht pronominales (der 3. Person) Subj. steht; neben stehendem se an etwa 400, bei stehenden eum (eos) an etwa 70; es fehlen se und esse etwa 160 mal, über 140 mal eum und esse; an 10 Stellen habe ich mir das Fehlen von esse und einem pronominalen Subj. der 1. oder 2. Person notiert.

[3]) Der sogenannte Nom. c. inf. fut. hat nie esse. Von den etwa mehr als 50 Stellen, die ich mir angemerkt habe, haben alle das Verb. uideri, mit Ausnahme von 45, 2, 4: existimari Samothraciam petiturum, was vielleicht Acc. c. inf. ist. Auch beim Nom c. inf. pf. ist esse sehr selten; aus der vierten und fünften Decade habe ich bloss zwei Fälle bei Deponentien bemerkt 31, 34, 8 admiratus esse dicitur und 44, 10, 3 uisus lapsus esse.

domos, non auidas ... manus ... praerepturas fortium bellatorum praemia esse. 6, 22, 9 nihil artes ... profuturas esse. 7, 30, 12 ad nos traiecturum illud incendium esse. 21, 39, 6 Gallos praesentem secuturos esse ratus[3]). 22, 22, 9 nihil obsidum custodes facturos esse. 24, 18, 11 neminem ... petiturum esse. 26, 7, 5 Capuam extemplo omissuros imperatores Romanos ... daturos esse. 26, 8, 5 deosque alios defensuros esse. 26, 50, 11 haud minorem ... gratiam futuram esse affirmantes. 27, 39, 2 octo milia Ligurum ... coniunctura se transgresso in Italiam esse. 28, 38, 10 P. Cornelium finiturum atque ... Italia pulsurum esse. 30, 17, 9 (dedisse) operam Massinissam et porro daturum esse. 30, 17, 11 id sibi amplum ... futurum esse. 30, 40, 4 consules nouos iis senatum daturos esse. 31, 9, 2 neque classem neque exercitum ... regem ... missurum esse nec quieturum eum in regno, si. 33, 24, 6 cum ... id regem facturum esse dicerent. 33, 27, 11 quidnam se futurum esse profectis in Italiam Romanis. 35, 31, 5 Demetriadem quoque ei reddituros Romanos esse. 36, 39, 10 P. Cornelium ... triumphaturum esse. 36, 40, 2 Minucium confidere breui ... postulaturum atque triumphaturum esse. 37, 26, 10 Polyxenidam ... potestatem pugnae facturum esse. 40, 34, 11 nulli alii ... senatum crediturum esse. 42, 29, 9 sua quoque in eodem statu mansura esse. 42, 36, 3 regem ... satisfacturum esse. 42, 36, 6 consulem P. Licinium breui cum exercitu futurum in Macedonia esse. 42, 38, 5 appariturum id esse Marcius respondit. 43, 7, 3 senatum ... responsum daturum esse. 43, 14, 4 praetores ... dilectum ... perfecturos esse. 44, 14, 12 Rhodios consideraturos esse. 44, 15, 5 arma sumpturos positurosque Romanos esse. 44, 19, 4 se et Cn. Octauium ... exituros esse, C. Licinio collegae suo fore curae se absente. 44, 31, 6 fortunam totius rei principia secuturam esse ratus et repentinum ualiturum terrorem. 44, 37, 6 lunam defecturam esse. 45, 17, 7 imperatores nihil indignum ... decreturos esse. 45, 35, 9 plebem urbanam secuturam esse militum iudicia.[6])

---

[5]) so C M, (P fehlt).
[6]) Es ist vielleicht nicht ganz zufällig, dass gerade die 5. Decade, die auf der ältesten Handschrift (Codex Vindobonensis saec. VI.) allein ruht, weitaus die meisten Fälle (13 in 5 theilweise unvollständigen Büchern) enthält, nächst dieser die 3. Decade, welche auf dem trefflichen Codex Puteaneus saec. VIII. beruht. Die Abhandlung Mommsens über den rescribierten Veronesercodex Berliner Monatsberichte 1868 Jänner habe ich bis jetzt nicht einsehen können.

Ferner hat Seyffert (Jahrb. f. Phil. u. Päd. LXXXIII. S. 64) vorgeschlagen 2, 48, 6 zu lesen: et alia bella aut praesentia instabant ut ab Aequis Volscisque... aut moturos esse apparebat Sabinos... Etruriamque omnem statt des handschriftlichen moturos se. Doch ist se wohl Einschiebung eines Lesers, der das Object zu moturos nicht fand, und mit Madvig einfach zu streichen. Es steht also esse bei 3-, 4-, 5-, 6 silbigen Participien und zwar sowol am Schluss des Satzes als wenn noch Worte folgen (jedoch so seltener), sowol in Sätzen positiver als negativer Form, bei letzteren auch so, dass die Negation zwischen Particip und Hilfsverb steht 5, 15, 11. Das Subject steht ausser der zweifelhaften Stelle 2, 48, 6 nie nach dem Infin,[7]) mehrfach zwischen Particip und Hilfsverb 4, 10, 2. 7, 30, 12. 35, 31, 5. 42, 38, 5. 44, 15, 5. Das regierende Verb, (doch gehört ein grosser Theil wie selbstverständlich der Oratio obliqua an), steht mehrfach nach 1, 32, 3. 21, 39, 6. 26, 50, 11. 42, 38, 5. 44, 39, 6. Ein Object steht nach dem Infin. 1, 32, 3. — Die Stellung des Hilfsverbs ist im Gegensatz zu Cäsar, der es ausser an zwei Stellen vor das Particip stellt, und zwar ausser an einer unmittelbar vor dasselbe, regelmässig unmittelbar hinter dem Particip, doch auch getrennt durch Subject, Negation, Objecte (für letztere s. 5, 20, 6 und andere Bestimmungen 27, 39, 2. 42, 36, 6. Vor dem Particip steht es in den besten Handschriften M (Mediceus) P (Parisinus, ebenfalls ein Puteaneus, aber wie M verschieden von den Handschriften der 3. Decade) und den „meliores" 3, 72, 4 clarum hac fore imagine Scaptium, esse populum Romanum quadruplatoris et interceptoris litis alienae personam laturum, wo theils mit Gronov esse gestrichen wird (Drackenb. Hertz), theils

---

[7]) Dagegen sehr häufig, wenn esse fehlt. So in der dritten Decade 21, 10, 3. 21, 12, 6. 21, 22, 5. 22, 44, 4. 24, 13, 7. 24, 29, 5. 25, 24, 14. 26, 7, 5. 26, 37, 13. 26, 51, 13. 27, 24, 9. 27, 28, 8. 27, 30, 14. 28, 41, 8. 29, 31, 6. 30, 23, 7. 30, 28, 12 in Verbindung mit dem regierenden Verb 21, 12, 6. 27, 28, 8. 27, 39, 4. 28, 27, 1. 28, 41, 8, mit Objekt und anderen Satztheilen 22, 44, 4. 25, 11, 13. 26, 27, 14. 27, 24, 9. 25, 16, 7. (Diese allein: 26, 7, 7. 22, 38, 7. 25, 41, 3. 26, 6, 14. 26, 24, 4. 26, 45, 5. 28, 24, 15. 29, 25, 10.) Ausser dem erwähnten Falle Verbindung mit Subj.) steht das regierende Verb hinter dem Partic. 22, 39, 4. 23, 35. 3. 24, 4, 2 und 3. 25, 21, 4. 26, 8, 1. 26, 10, 6. 26, 49, 12. 27, 26, 5. 27, 30, 7. 28, 32, 7. 30, 40, 8; besonders in Relativsätzen nicht selten der regierende Satz zwischen dem Acc. c. inf. 26, 15, 5. 27, 29, 10. 29, 4, 8. 29, 20, 2. 30, 7, 4. Das Particip steht am Anfang eines selbständigen Satzes 26, 27, 13. eines Nachsatzes zu einem Temporalsatz 26, 51, 13.

mit Alschefsky dafür s e d gelesen wird (Madvig, Weissenborn). Jedenfalls gibt es, wie sich aus dem folgenden ergeben wird, für die Stellung der Codices bei Livius kein zweites Beispiel mehr.°) Eine weitere Stelle 31, 13, 7 consules **agrum aestimaturos** et in iugera asses uectigal testandi causa, publicum agrum **esse, impositeros** ist wol von Madvig Weissenborn und wol auch anderen richtig so construiert, dass esse zu agrum gehört, wenn man auch für die Verbindung testari publicum agrum Analogien nachweisen könnte und anderseits das immerhin unangenehme Zusammentreffen der nicht zu verbindenden Worte esse und impositeros durch eine andere Stellung des **esse** leicht zu vermeiden gewesen wäre. — Häufig ist die Verbindung mit andern Inf. fut. act. (ohne esse) 4, 6, 4. 5, 20, 6. 26, 7, 5. 28, 38, 10. 31, 9, 2. 36, 40, 2. 42, 36, 3. 42, 38, 5. 44, 14, 12. 44, 15, 5. 44, 19, 4. 44, 31, 6, mit Inf. perf. 30, 17, 9. Praes. 7, 30, 12.

B. **Esse steht neben einem pronominalen Subject.**

a) Pronomen der ersten oder zweiten Person.

25, 6, 3 nisi hoc sperauissemus in prouinciam **nos .. mitti** et sanguine nostro uulneribusque **nos** senatui populoque Romano **satisfacturos esse**. 34, 32, 12 te in custodia **habituram esse** pronuntiasti. 39, 36, 8 illa spe, iudicis animo te **auditurum esse** posita contentione; 44, 22, 4 me omni ope **adnisurum esse**. 44, 22, 6 **nos** castrensibus consiliis contentos **futuros esse** sciat.°)

Es steht also bei 3-, 4-, 5 silbigen Participien; das Subject steht nie nach dem Infinitiv, das regierende Verb zweimal. **esse** steht in den angeführten Stellen immer unmittelbar hinter dem Particip, einmal **vor demselben** 35, 49, 5 narrant nos ceterasque ciuitates et gentes suam sectam **esse secuturos**; vielleicht absichtlich, um nicht **sectam secuturos** unmittelbar auf einander folgen zu lassen; doch vgl. auch Anm. 16.

*) Bei Cäsar ist ein ähnliches c. 3, 10, 7 non **esse usurum** condicionibus pacis eum, qui superior uideretur.

°) Häufiger bei fehlendem esse, 27mal; mit Nachstellung des Subjectes 25, 38, 5 quod credi non potest **ausuros nos**. 36, 7, 20 speciem Romanis tralecturum **te** praebens. 37, 45, 16 facturos **nos** ut pro certo habeamus. 37, 53, 1 nisi .. uocaturos **nos** scirem. 38, 40, 10 **negaturum** aut me pro M. Fuluio aut ipsum M. Fuluium censetis.

b) Pronomina reflexiva als Subject.

3, 21, 1 quam tribuni se in auctoritate patrum futuros esse polliciti sunt. 3, 41, 1 neque se..cessuros esse. 4, 53, 7 consuli se..auxilio futuros esse. 5, 7, 7 negant se inde.. redituros esse. 5, 9, 3 negare se ante idus Decembres..honore abituros esse. 5, 9, 4 se in uincula eos duci iussuros esse. 5, 28, 8 merito se ea audire..sed eosdem correcturos esse. 6, 40, 7 negent...se permissuros esse. 8, 23, 7 eam se contumeliam..ipsos omni ui depulsuros esse. 8, 23, 10 se..ituros esse respondissent. [10]) 21, 45, 5 agrum sese daturum esse in Italia. 24, 13, 4 se in tempore affuturum esse. 24, 14, 7 eum se..iussurum esse. 24, 45, 1 se Arpos proditurum esse. 25, 7, 1 senatui scripturum se omniaque de sententia patrum facturum esse. 25, 15, 8 se..urbem tradituros esse. 26, 13, 1 ituros se et in publicum omnes ui extracturos esse. 26, 22, 8 nihil se mutare eosdemque consules dicturos esse. 26, 24, 5 quorum se uim...et iam fregisse et eo redacturum esse. 27, 5, 15 se..dictatorem dicturum esse aiebat. 28, 21, 8 nec alium..se iudicem habituros esse. 30, 16, 8 uictoriam se, non pacem domum reportaturum esse. 30, 25, 10 se nihil indignum in iis facturum esse cum dixisset. 34, 11, 8 coactos se..defecturos et..perituros esse. 35, 50, 5 se deliberaturos esse. 40, 5, 13 nec regem se alium rentur habituros esse. [11]) 40, 29, 11 sese libros eos in ignem coniecturum esse. 40, 47, 7 potestatem se eis facturum esse. 41, 18, 10 se eo die Letum capturum esse. 43, 8, 7 litteras se.. daturos esse. 43, 14, 9 missorum quoque causas sese cognituros esse et..eos milites fieri iussuros. 44, 19, 4 se et Cn. Octauium..exituros esse. 44, 29, 7 bello finem se..imposituros esse. 45, 21, 2 se eum sperans futurum esse.

Das Hilfsverb ist vom Particip getrennt, aber nachgestellt: 1, 41, 6 de aliis consulturum se regem esse simulat. 5, 34, 3 Bellouesum ac Segouesum..missurum se esse ostendit. 7, 31, 11 ut non solum gesturos se esse dicerent id bellum. 8, 7, 5 in senatum uenturum se esse palam diceret. 8, 11, 9 se..re-

---

[10]) Doch hat an dieser Stelle Madvig, der eine Lücke annimmt, wol Recht.

[11]) So Weissenb.; Madv. se alium habituros aiunt; Hertz: se alium habituros esse aiunt. Die Madvig'sche Fassung scheint die des Moguutinus zu sein.

dituru m infesto exercitu Capuam esse Romanosque.. necopinato
aduentu perculsurum. 40, 21, 6 se.. duos simul filios non commissurum in aleam eius casus et.. minorem ad... custodiam regni
remissurum in Macedoniam esse.

Es steht esse bei 3-, 4-, 5 silbigen Participien sowol bei
positiver als bei negativer Fassung der Sätze, in fast allen Decaden in ziemlich gleicher Zahl, nur in der vierten seltener.

Die Voranstellung des Hilfsverbs findet sich nicht; ebenso
nicht die Nachstellung des Subjectes;[12]) zwischen Particip und
Hilfsverb steht es viermal. Eine Zwischenstellung der Negation
findet sich nicht; das regierende Verb ist nachgestellt 1, 41, 6;
3, 21, 1; 5, 34, 3; 7, 31, 4; 8, 7, 5; [8, 23, 10]; 27, 5, 15; 30,
25, 10 zwischen das Subject und Prädicat gestellt 45, 21, 2. Andere Worte sind nachgestellt 21, 45, 5.

Oefter ist dieser Inf. fut. act. verbunden mit andern Inf. fut.
act. 8, 11, 9. 21, 45, 5. 24, 14, 7. 25, 7, 1. 26, 13, 1. 34, 11,
8. 40, 21, 6. 43, 14, 9, mit Inf. perf. 3, 41, 1. 5, 28, 8. 26, 24,
5. 28, 21, 8. 30, 16, 8. 40, 47, 7, mit Inf. praes. 5, 28, 8. 26, 22, 8.

c) cum, cam, eos, eas als Subject.

25, 23, 4 liberos eos et suis legibus uicturos esse. 27,
10, 1 eas quoque ipsos... uerecundiam imperii habituras esse.
37, 4, 7 neque enim dubitabant ad oppugnationem Naupacti eos
principio ueris redituros esse. 38, 32, 7 eos optime contro-
uersias... finituros esse. 45, 44, 12 quod eum, qui det, ubi
uelit, ablaturum esse sciat. 1, 41, 5 eum iura redditurum
obiturumque alia regis munia esse. 4, 25, 12 si plebi respi-
rare.. liceat, memorem eam suorum inituram suffragia esse
et... imperium quoque adsciturum. 40, 15, 16 quid eum, cum
regnum ei tradideris, facturum credis in me esse.

Einmal mit Voranstellung des Hilfsverbs nach Weissenborn
und Hertz 39, 26, 12 sed meliori et fideliori amico in gratiam

---

[12]) Häufig ist sie, wenn bei stehendem reflexivem Subject esse fehlt; aber
fast ausschliesslich bei unmittelbarer Nachstellung. Aus der dritten Decade 22,
39, 8. 23, 43, 3. 24, 1, 6. 24, 2, 1. 24, 3, 12. 24, 6, 6. 24, 22, 12. 24, 40, 8.
24, 48, 8. 25, 37, 19. 26, 4, 2. 26, 24, 6. 26, 58, 12. 27, 28, 14. 27, 38, 5. 28,
5, 19. 28, 37, 5. 30, 4, 9. 21, 24, 4 nam et accepturum eos in castra sua
se laetum nec cunctanter se ipsum ad eos uenturum. 10, 10, 4 militaturos
tamen se. 42, 63, 7 accensuros eam se.

leuium et inutilium sociorum iniuriam eos esse facturos;
Madv. iniuriam eos facturos.¹³)

Das Subject ist stets vorangestellt, ¹⁴) nicht nach und auch nicht zwischen gestellt, ebenso ist keine Zwischenstellung der Negation. Das regierende Verb ist einmal nach dem Hilfsverb und einmal zwischen Particip und Hilfsverb.

Mit anderm Inf. fut act. (ohne esse) verbunden 1, 41, 5. 4, 25, 12.

C. Esse steht, ohne dass das (pronominale) Subject steht.

a) ohne se.

22, 50, 4 nuntium, qui in maioribus (castris) erant, mittunt, ut ad se transirent: uno agmine Canusium abituros esse. 24, 18, 12 arcessitosque se ab triumuiris mensariis esse dixerunt, ut pretia seruorum acciperent; ceterum non antequam bello confecto accepturos esse. 28, 23, 6 perfugae a Gadibus uenerunt pollicentes, urbem Punicumque praesidium... et imperatorem praesidii cum classe prodituros esse. 31, 48, 5 consulares praecipue exspectandum fuisse censebant..., quod praetor non fecisset, senatui faciendum esse, ut consulem exspectaret; ubi coram disceptantes consulem et praetorem audissent, uerius de causa existimaturos esse. 32, 34, 13 Argos tamen se iis redditurum dixit, de Corintho cum imperatore Romano deliberaturum esse, quaesiturumque ab eo simul. 33, 49, 4 Carthaginienses responderunt, quidquid aequum censuissent Romani, facturos esse. 36, 13, 8 quibus ille satis ferociter respondit, uel Romanis uel Thessalis se crediturum fuisse, in Philippi potestatem commissurum non esse. 40, 4, 8 Poris... Athenas deportaturum eos ad fidum hospitem dixit comitemque ipsum fugae futurum esse. 40, 36, 4 palam uociferatos esse aut impera-

---

¹³) Da der Codex Bambergensis von 38, 46. 4 ab fehlt, die Lesung des Moguntinus nicht bekannt ist, die „Codd. 8" keine Bedeutung beanspruchen können, so ist wol nur aus Gründen des Sprachgebrauches eine Entscheidung möglich; sichere Parallelstellen sind die unter B a zuletzt angeführte Stelle 35, 49, 5 und die unter C a zuletzt angeführte 40, 41, 8 (21, 50, 10).

¹⁴) Nicht selten nachgestellt, wenn esse fehlt, ausser an einer Stelle stets unmittelbar hinter dem Partic. 2, 4, 3. 4, 60, 4. 22, 13, 8. 29, 11, 3. 29, 12, 9. 29, 30, 11. 30, 21, 3. 31, 9, 2. 33, 49, 2. 42, 23, 7. 45, 19, 11. fragm. 19 (lib. 91). Weiter nachgestellt 38, 19, 4 nam neque ausuros per tam ardua atque iniqua loca subire eos et, si conarentur, uel parua manu prohiberi .. posse, nec quietos in radicibus montium gelidorum sedentes frigus aut inopiam laturos.

torem ... retenturos aut cum eo in Italiam uenturos esse. 41, 10, 7 cumque illi tum consulis imperio dicto audientes futuros esse dicerent. 42, 10, 15 in prouinciam abituros esse denuntiarunt, nec quidquam rei publicae acturos. 42, 24, 7 si aliquid possent Massinissae causa, et fecisse et facturos esse. 43, 14, 5 censores ... edixerunt: legem censui censendo dicturos esse. 44, 19, 14 prius Antiochum, dein Ptolemaeum adire iussi et nuntiare, ni absistatur bello, per utrum stetisset, cum non pro amico nec pro socio habituros esse.

38, 8, 10 ad ea adiecturum etiam in foedus esse, ut eosdem amicos atque hostes habeant. 3, 13, 5 negat sumpturum se de indemnato; seruaturum tamen in uinculis esse ad iudicii diem.

40, 41, 8 iure iurando adactis centurionibus, aes in aerarium ad quaestores esse delaturos. Hiezu käme noch die Stelle, von welcher wir ausgegangen sind 21, 50, 10.

Es steht also esse bei 3-, 4-, 6 silbigen Participien [15]) meist am Ende des Satzes, unmittelbar nach dem Particip (in Oratio obliqua und ausserhalb derselben); zweimal steht darnach das regierende Verb 41, 10, 7. 42, 10, 15, einmal ein anderer Satztheil darnach 3, 13, 5; an dieser Stelle ist zugleich das Particip von esse durch einen Satztheil getrennt, wie noch 38, 8, 10; die Negation ist zwischengestellt 36, 13, 8.

Einmal ist es einem Inf. perf. per. act. 36, 13, 8, einmal einem Inf. perf. act. 42, 24, 7 entgegengesetzt, mehrfach mit andern Inf. fut. act. (mit fehlendem esse) verbunden. 3, 13, 5. 32, 34, 13. 40, 4, 8. 40, 36, 4. 42, 10, 15.

b) ohne eum.

1, 50, 9 ni pareat patri, habiturum infortunium esse. 7, 19, 6 nuntiantes exercitum ... iam suis finibus imminere; inde populabundos in agrum Romanum uenturos esse. 24, 16, 12

---

[15]) Dass 5 silbige nicht sich finden, wol aber nicht selten, wenn esse fehlt (3, 53, 5 concrematuros; 5, 36, 4 dimicaturos; 10, 37, 9 intercessuros; 22, 25, 10 promulgaturum; 22, 13, 6. 24, 14, 6. 24, 33, 8. 26, 39, 10. 27, 45, 3; 31, 9, 4. 31, 32, 5; 32, 10, 4; 32, 19, 4. 34, 33, 10; 36, 4, 5; 36, 4, 7. 37, 1, 8; 37, 28, 6. 39, 10, 9. 39, 39, 10; 40, 40, 5; 42, 10, 10; 42, 45, 6; 44, 25, 10; 45, 11, 10; 45, 42, 10), ist wol nur zufällig, da sie in anderen Fällen stehen, siehe oben A: 4, 6, 4. 42, 38, 5, unter B a 26, 5, 3; B b 30, 16, 8; 44, 29, 7.

singulos iure iurando adigam ... non aliter quam stantes cibum potionemque ... **capturos esse.** 25, 36, 4 apparebat (que) parum armis ad tuendum locum sine munimento **ualituros esse.** 25, 38, 10 quo documentum dedistis hostibus non cum Scipionibus exstinctum esse nomen Romanum et, cuius populi uis atque uirtus non obruta sit Cannensi clade, ex omni profecto saeuitia **emersuram esse.** 28, 32, 9 magis uelocitate ad fugam, quam armis fretos **pugnaturos esse.** 35, 44, 3 quod .. credidisset .. cum se uidissent Aetoli, omnia uel in se uno posita praesidia **existimaturos esse.** 43, 6, 13 aeque propenso animo et, quae ipse ultro pollicitus sit, **praestaturum esse.** 44, 15, 6 ni pareatur iis exercitusque de Macedonia deportentur, **uisuros esse,** quid sibi faciendum sit. quid Rhodii uisuri sint, ipsos scire; populum certe Romanum .. uisurum, ut e. q. s. 45, 19, 15 utrum enim partem regni **petiturum esse** an totum erepturum? 39, 39, 8 medio responso spem ad uoluntatem interpretantibus fecerat, **cessurum** patrum auctoritati **esse.** 41, 7, 10 priuatum rationem **redditurum** earum rerum **esse,** quoniam consul noluisset.

Das Hilfsverb steht bei 3-, 4- und 6silbigen Participien, unmittelbar hinter denselben, nur 1, 50, 9 steht ein Acc. 39, 39, 8 ein Dativ; 41, 7, 10 ein Genetiv zwischen Partic. und Hilfsverb; nie vor dem Particip. Das fehlende Pronomen vertritt zweimal das Subject der directen Rede 41, 7, 10; 45, 19, 15; das Subject ergänzt sich aus vorhergehenden Nebensätzen 25, 38, 10. 35, 44, 3, aus vorangehenden Hauptsätzen 1, 50, 9; 7, 19, 6, oder ist sonst leicht zu verstehen. Der Infin. schliesst den Satz, doch vgl. 45, 19, 5. Einmal ist der Infin. fut. einem des Perf. 25, 38, 10 entgegengesetzt, einmal mit einem des Praesens coordinirt 7, 19, 6: mit Inf. fut. act. verbunden ist er 44, 15, 6. 45, 19, 5.

Um nun auf die Stelle, von der wir ausgegangen sind, zurückzukommen, so sind erstens, so selten die Voranstellung des **esse** ist, doch 35, 49, 5 (s. oben A a) und 40, 41. 8 (C a), so leicht auch an beiden Aenderungen wären,[16]) doch kaum anzutasten. 39, 26, 12 kann als selbst zweifelhaft keine Bedeutung nach der einen oder anderen Seite haben. Was an der Stelle 21, 50, 10 jedoch ganz singulär bei Livius erscheint, ist, dass das Hilfsverb nicht unmittelbar vor dem Particip, sondern von dem-

---

[16]) An beiden durch einen sehr gewöhnlichen Fehler sämmtlicher Liviushandschriften, Doppelschreibung von Silben (se secuturos, quaestores esse delaturos) vgl. Alschefsky zu 21, 41, 10 und 21, 50, 9.

selben durch mehrere Bestimmungen getrennt erscheint.¹⁷) Doch steht auf der andern Seite wieder eine gewisse Vorliebe, beim Zusammentreffen mehrerer Inf. fut. act. einem derselben esse beizugeben, s. das zu den einzelnen Abschnitten bemerkte. Viel Gewicht hat übrigens auch diese Beobachtung nicht, da an etwa hundert Stellen sich Infin. fut. act. ohne esse verbunden finden.

Anhang über fore.

Neben futurum (esse) ist bei Livius sehr häufig fore, so weit ich bis jetzt sehe, ohne einen merklichen Unterschied. Mehrfach sind die beiden Formen neben einander gebraucht, wie 2, 32, 6 quamdiu autem tranquillam, quae secesserit, multitudinem fore? quid futurum deinde, si quod externum interim bellum exsistat? 3, 17, 9 uim ultimam apparebat futuram spectaculoque seditionem Romanam hostibus fore. 3, 64, 3 quid futurum nondum firmatis legibus, si nouos tribunos per factionis suae consules adorti essent? non enim semper Valerios Horatiosque consules fore. Vielfach finden sich ferner in gleichen oder ähnlichen Ausdrücken beide Formen. 1, 34, 6 in nouo populo futurum locum forti ac strenuo uiro vgl. mit 6, 22, 10 numquam fore in praeoccupatis beneficio animis uero crimini locum und 6, 5, 4. — 30, 28, 3 nec Scipioni .. cum .. Hasdrubale, fugacissimo duce, rem futuram .. sed cum Hannibale vgl. mit 21, 49, 11 rem fore haud cum imparatis. — 8, 19, 11 corpora ipsorum coniugumque ac liberororum suorum in potestate populi Romani esse futuraque. 24, 22, 10. 8, 19, 2. 31, 5, 6 breuique .. urbem etiam in dicione eius futuram 10, 24, 7. 24, 22, 12. 30, 15, 1. 40, 46, 14. 42, 32, 3. 3, 21, 3 vgl. mit 5, 20, 3 Veios iam fore in potestate populi Romani, 2, 56, 16. 9, 10, 1. — 40, 10, 4 Macedoniam suam futuram sperant vgl. mit suam omnem Africam fore 42, 29, 10. 33, 41, 3. 34, 23, 7. — Nur 25, 25, 7 cetera praedae futura. 24, 36, 5. 36, 17, 4; dagegen bei possess. Genet. bloss fore 21, 11, 4 praedam captae urbis edixit militum fore; 4, 49, 9. 23, 27, 10. 25, 8, 8. 43, 3, 7. — 36, 43, 5 ita numero non ferme impares futuros se; 23, 43. 12. 27, 26, 1. 29, 31, 6. vgl. mit 3, 49, 3 ibi quoque haud impares fore; 35, 13, 7. 43, 10, 2. 24, 40, 17. — 10, 45, 5 curae senatui futurum vgl. 26, 32, 6

---
¹⁷) Jedoch bei Cäsar vorkommend, 5, 55, 2 non esse amplius fortunam temptaturos, wo ebenfalls se fehlt.

kommen noch sieben Fälle des Nom. c. inf. sämmtlich ohne esse und alle, wie auch die vier in der Anmerkung erwähnten mit uideri.

Mit substantivem oder neutralem Subjecte (fore ut und Nom. c. inf. eingerechnet) steht **fore** 255mal, **futurum** ohne **esse** 75 mal, mit **esse** 5 mal (einmal profuturas esse).

Das Pronomen reflex. mit **fore** 22mal, mit **futurum** ohne **esse** 19, mit **esse** 3mal;

eum (eos) mit **fore** 4mal, mit **futurum** 3mal.

Das Subject der ersten Person fehlt bei **fore** 2mal: 35, 19, 3 pater..me..iure iure iurando adegit numquam amicum fore populo Romano; 45, 20, 5 ad omnia paratos fore (im vorhergehenden Satze steht nos). Von **futurum** (esse) kein Beispiel.

Se fehlt bei **fore** 3, 49, 3 ibi quoque haud impares fore; bei **futurum** ohne **esse** 29, 8, 4 illud satis scire in meliore statu sub iratis Romanis futuros; bei **futurum esse** 40, 4, 8 comitemque ipsum fugae futurum esse. 41, 10, 7 quod cum illi tum consulis imperio dicto audientes futuros esse dicerent. **eum** fehlt bei **fore** 25, 22, 12 liberos fore suaque omnia habituros; 29, 11, 6 responsum esse ferunt per Attalum compotes eius fore, quod peterent. Kaum sicher zu rechnen sind 43, 10, 2 paratos fore, qui proderent urbem; 28, 24, 16 minus insignia fore, quae ipsi fecissent. — eum fehlt bei **futurum** 32, 19, 8 grauiorem.. dominum futurum cernebant; 34, 4, 5 et ita spero futuros: 43, 5, 5 nec scisse futura (ea steht im coordinierten Satze); 9, 10, 5 en, umquam futurum.

Composita von esse.

Es erübrigt auf die Composita von esse einzugehen.

Mit **substantivischem Subjecte** stehen sämmtliche mit fore gebildeten: 2, 10, 14 non **defore** auxilium; 3, 46, 4 neque ..constantiam defore; 45, 18, 5 ibi numquam causas seditionum ..defore; 32, 35, 13 nec umquam..causas certaminum defore. 30, 7, 10 Hasdrubalem propediem **affore**; 38, 6, 5 Nicandrum ex composito affore; 43, 10, 3 **afore** fraudem agendae rei. Ausserdem **ohne esse mit futurum**: 1, 9, 4 non **defuturam** uirtutem; 7, 37, 11 Romano..defutura omnia; 24, 29, 5 nec belli defuturam umquam causam; 26, 49, 12 nihil defuturum; 28, 32, 7 quos consulatum petenti..**affuturos** speret; 38, 33, 3 fide accepta a legatis uim **afuturam**. 27, 9, 5 brevi neminem **superfuturum**[19]), 36, 27, 6 confessionem iis culpae magis **profuturam**. — Das Subj. **se** steht, **esse** fehlt: 3, 50, 10 nec..se **defuturos**; 6, 23, 11 se non **defuturum**; 24, 29, 12 neque sese **defuturos**; 32, 16, 12 se in tempore **affuturum**; 29, 4, 9. 36, 27, 7. — **esse** steht bei **se**: 24, 13, 4 se in tempore **affuturum esse**. Bei substantivischem Subject 6, 22, 9 nihil artes imperatoris.. **profuturas esse**. 44, 22, 3 deos quoque huic fauisse sorti spero, eosdemque in rebus gerendis **adfuturos esse**. — Es finden sich demnach von **adesse**: affuturum viermal, affuturum esse zweimal, affore zweimal; von **deesse** defuturum sieben defore viermal; von **abesse** afuturum und afore je einmal; von **superesse** einmal superfuturum, von **prodesse** je einmal profuturum mit und ohne esse.

II. Livius 21, 25 und der Bestand der römischen Legionen in den Jahren 218 und 217 bis nach der Schlacht am Trasimenus.

Während Hannibal auf dem Marsche nach den Pyrenäen begriffen war, schlugen am Po die erst kürzlich unterworfenen Bojer, von dem bevorstehenden Anmarsch desselben unterrichtet (vgl. Liv. 29, 6), aber ihn früher erwartend, als er wirklich eintraf, gegen die Römer los. Den Anlass gab zunächst die Gründung der Colonien Placentia und Cremona. 25, 2 Placentiam Cremonamque colonias in agrum Gallicum **deductas** aegre patiebantur. 3) itaque armis repente arreptis in eum ipsum agrum impetu facto tantum terroris ac tumultus fecerunt, ut non **agrestis modo multitudo** sed ipsi triumuiri Romani, qui ad agrum uenerant adsignandum, diffisi Placentiae moenibus **Mutinam confugerint**, C. Lutatius[1]) C. Seruilius M. Annius. 4) Lutati nomen haud dubium est; pro Annio Seruilioque M. Acilium et C. Herennium habent quidam annales, alii P. Cornelium

---

[19]) Vgl. 29, 10, 4 ut..nemo omnium superfuturos uideatur.

[1]) C. Lutatius wird von Polyb. 3, 40, 9 als Consular bezeichnet, die andern als Prätorier. Ihne Röm. Gesch. II. S. 143 versteht darunter den Consul des Jahres 241 C. Lutatius Catulus, den Beendiger des ersten punischen Krieges. So auffällig das erscheint, da er im Jahre 203 noch lebend aus der Gefangenschaft zurückkehrt Liv. 30, 19, 7 f., so ist daran nicht wol zu zweifeln, da im ganzen Zeitraum kein Lutatius Catulus sonst in den Fasten erscheint (240 Q. Lutatius Cerco.)

Asinam et C. Papirium Masonem. 5) **id quoque dubium est,
legati ad expostulandum missi ad Boios uiolati sint**[²]),
an in triumuiros agrum metantis impetus sit factus.
6) Mutinae cum obsiderentur et gens ad oppugnandarum urbium
artis rudis .. segnis intactis adsideret muris, simulari coeptum de
pace agi, 7) euocatique ab Gallorum principibus **legati ad conloquium non contra ius modo gentium sed uiolata etiam, quae
data in id tempus erat, fide conprehenduntur**, negantibus Gallis,
nisi obsides sibi redderentur, eos dimissuros. 8) cum haec de
legatis nuntiata essent et Mutina **praesidiumque** in periculo
esset, L. Manlius praetor ira accensus effusum agmen **ad Mutinam** ducit.

  Aehnlich ist die Erzählung bei Polybius 3. 40, nur dass
seine Darstellung in manchen Punkten genauer ist. So werden
nach ihm die Befestigungen von Placentia und Cremona energisch
betrieben, während die Colonisten noch auf dem Wege sind §. 4,
natürlich von den im ager Gallicus stehenden römischen Soldaten,
was für einen später zu besprechenden Punkt von Wichtigkeit ist.
Er gibt die Zahl der Colonisten genau an, 6000 für jede der
beiden Städte. Er hat ferner die bestimmte Angabe, dass erst,
als die Colonisten schon in die Städte gekommen waren, die Bojer
feindselig auftraten³) §. 6 ἤδη δὲ τούτων συνῳκισμένων οἱ
Βοῖοι καλούμενοι Γαλάται .. πιστεύοντες ἐκ τῶν διαπεμπομένων τῇ παρουσίᾳ τῶν Καρχηδονίων ἀπέστησαν ἀπὸ Ῥωμαίων .. παρακαλέσαντες
δὲ τοὺς Ἰνσομβρας καὶ συμφρονήσαντες κατὰ τὴν προγεγενημένην ὀργὴν
κατέσυραν τὴν κατακεκληρουχημένην χώραν ὑπὸ Ῥωμαίων
καὶ τοὺς φεύγοντας συνδιώξαντες εἰς Μοτίνην, ἀποικίαν ὑπάρχουσαν Ῥωμαίων, ἐπολιόρκουν. Wie er hier Mutina ausdrücklich nennt (über die Bezeichnung der Stadt als ἀποικία colonia

---

  ²) C M (P fehlt) id quoque dubium est legati .. uiolati sint **incertum
an in triumuiros**; sonst ist ausser leichten Verschreibungen in den Namen die
Ueberlieferung fest.

  ³) Hiedurch ist (vgl. auch Liv. §. 2 deductae) die Ansicht von Voigt: De
primis hannibalici belli annis, Progr. der kön. Realschule in Berlin 1864, S. 4 f.,
dass die Bojer die erst **auf dem Marsch** nach Placentia **begriffenen**
Kolonisten überfallen, wol unmöglich gemacht. Ferner hätten 12.000 bewaffnete
Römer von dem Angriff eines gallischen Landsturmes, der allem Anscheine nach
erst in der Sammlung begriffen ist, nichts zu befürchten gehabt. Endlich ist
sowol bei Polybius als bei Livius weiter von den Colonisten von Cremona
nirgends die Rede. — Ich bemerke, dass ich Polybius nach der Ausgabe von
Hultsch citiere.

später), so nennt er auch den Γάιος Λουτάτιος καὶ τὴν ὕπατον ἀρχὴν εἰληφώς 9), die zwei andern nennt er nicht, bezeichnet sie aber als praetorii οἱ δὲ δύο τὴν ἑξαπέλεκυν. Ferner benennt er sie hier und 67, 7 ausdrücklich als triumuiri coloniae deducendae. Er weicht jedoch darin ab, dass §. 10 nach ihm die in Mutina eingeschlossenen Triumviren eine Unterredung verlangen und bei dieser gefangen genommen werden.

Wenn Livius für die Flucht der Triumviren und Colonisten als Grund angibt, dass sie der Festigkeit von Placentia nicht getraut haben, so ist das offenbar unrichtig nach dem oben aus Polybius angeführten (§. 4 τὰς μὲν οὖν πόλεις ἐνεργῶς ἐτείχιζον); dass im Gegentheil die Befestigung schon vollständige Sicherheit gegeben haben muss, zeigt der Umstand, dass weder Livius noch Polybius von auch nur einem Versuche der Gallier auf Placentia zu berichten wissen, noch mehr, dass auch später Hannibal keinen Angriff auf die Stadt macht, sondern bloss versucht, das dabei (etwa an der Mündung der Trebia?) gelegene Emporium zu überrumpeln. Endlich bemerkt wohl mit Recht Voigt a. a. O. S. 5, dass in einem solchen Falle der natürlichste Rückzugspunkt Cremona gewesen wäre.[*])

Wenn nun aber dieser Grund, welchen auch Polybius nicht kennt, offenbar unrichtig ist, so fragt sich, warum die römischen Colonisten und die Triumviren, denen doch das feste Placentia selbst den besten Schutz bot, nach Mutina, das noch dazu in einer immerhin nicht geringen Entfernung von Placentia lag, flüchteten. Zur Erklärung dieses Umstandes hat man eine andere auffällige Sache in den Berichten herangezogen. Mutina wurde i. J. 183 förmlich als Colonie eingerichtet, zugleich mit Parma, Liv. 39, 55, 7, nachdem nicht lange vorher die 220 gebaute uia Flaminia (Rom — Ariminum), durch die uia Aemilia (Ariminum — Bononia — Mutina — Parma — Placentia) fortgesetzt worden war. Liv. 39, 2, 10 i. J. 187. Doch wird M. auch schon i. J. 193 Liv. 35, 4, 3 als eine feste Stadt und ein Stützpunkt der Römer genannt.

---

[*]) Hermann Müller (Progm. des Gymn. in Charlottenburg 1867) weiss freilich in seiner sonst trefflichen Schrift die „Schlacht an der Trebia" S. 3, dass „die Gallier Placentia mit Ungestüm angriffen." — Dagegen erwähnt Liv. 27, 39, 14 nach einer anderen Quelle, dass Hannibal unmittelbar nach dem Sieg an der Trebia (ab Trebia uictor regressus) Placentia vergebens belagert habe. Ob darunter der Angriff auf das Emporium 21, 57, 5 f. gemeint sei, ist natürlich nicht zu bestimmen, ganz scheint die Zeitbestimmung nicht zuzutreffen.

Nun nennt in unserer Zeit an der oben ausgeschriebenen Stelle Polybius Mutina ausdrücklich eine Colonie ἀποικία. Mommsen Röm. Gesch. I. S. 595 vgl. auch S. 566 (d. fünften Auflage) und nach ihm Weissenborn nehmen an, man habe zu gleicher Zeit mit Placentia und Cremona auch Mutina zur Colonie einrichten wollen, und sei eben damit beschäftigt gewesen; so dass also die triumuiri mit Placentia nichts zu thun gehabt, sondern die Abführung nach Mutina geleitet hätten; dass aber diese Anlage eben durch den bojischen Aufstand und den folgenden Krieg gestört worden, und dass man erst, als man nach dem Frieden mit Karthago daran gieng, in Gallien und Ligurien Ernst zu machen, eine zusammenhängende Kette von Festungen (Bononia — Mutina — Parma) zwischen Ariminum und Placentia herstellte.

Gegen diese Deutung spricht vor allem die Entschiedenheit in der Uebereinstimmung der Berichte des Polybius und Livius, die das erzählte Factum an die Colonisierung von Placentia anknüpfen. Es ist viel leichter möglich, anzunehmen, Polybius habe in der Bezeichnung Mutinas als einer Colonie, was der Ort zur Zeit seines Aufenthaltes in Rom wirklich war, geirrt, als dass er nicht der besten Ueberlieferung in der Darstellung der Ereignisse selbst gefolgt sei.[5])

Um dieser Annahme auszuweichen, denkt sich Voigt a. a. O. S. 5 die Sache so, dass die in Placentia befindlichen Truppen die Stadt befestigten, die Colonisten selbst aber noch eben auf dem Hermarsch von Ariminum her waren und auf diesem von den Bojern angegriffen wurden. Diese Auffassung widerspricht jedoch den klaren Worten bei Polybius §. 6 s. Anm. 3. Es scheint vielmehr folgendermassen verstanden werden zu müssen. Placentia war der am weitesten nach Westen vorgeschobene feste Punkt, welchen die Römer in diesen Gegenden besassen, die Ländereien für die Colonisten werden wol in dem durch diese Festung, im Norden den Po und Cremona, im Süden durch Mutina, das jedenfalls, wie Clastidium[6]) und Victumuiae, schon ein von den Römern besetzter

---

[5]) Doch scheint es eine Tradition, die von ähnlichen Voraussetzungen ausgieng, gegeben zu haben. Liv. 27, 24, 10 Seruilium negabant inre aut tribunum plebis fuisse aut aedilem esse, quod patrem eius, quem triumuirum agrarium occisum a Bois circum Mutinam esse opinio per decem annos fuerat, uiuere atque in hostium potestate esse satis constabat.

[6]) Das weiter westlich (etwa um 6½ Meilen) gelegene Clastidium (Casteggio) war wohl ein alter gallischer Ort, der seit 222 (Pol. 2, 34) von den

fester Platz war ⁷) schon um die Strasse nach Placentia zu sichern), gedeckten Terrain, das der Hauptsitz der Bojer war, und das ausgedehnter und wohl auch fruchtbarer war, als das unmittelbar im Süden und Osten von Placentia liegende Land, wo die Ausläufer des Apennins bis nahe an den Po treten, angewiesen worden sein. Die Colonisten, denen ihre Aecker bereits zugetheilt waren, waren vielfach schon auf ihren Grundstücken beschäftigt, die Decemviren etwa mit der Vermessung und Vertheilung in entfernteren Theilen des Gebietes beschäftigt. ⁸) Wollten die Bojer sie vernichten, so mussten sie ihren Ueberfall so einrichten, dass sie ihnen den Rückzug nach Placentia abschnitten. Thaten sie das, so konnten die Ueberraschten nur versuchen, nach dem nächsten freien festen Punkt, das scheint Mutina gewesen zu sein, ⁹) zu entkommen.

Während die weitere Erzählung bei Polybius klar und den Umständen angemessen ist, bietet die Livianische Darstellung erhebliche Schwierigkeiten. Wenn wir von dem Satze §. 5 id quoque — sit factus vorläufig absehen, und, wie sich jedenfalls die Sätze am besten aneinanderschlössen, nach dem kleinen Excurse über die Namen der Triumviren §. 4 unmittelbar mit §. 6 Mutinae cum obsiderentur fortfahren: so tritt uns zuerst die Differenz entgegen, dass bei Polybius die Triumviren eine Unterredung verlangen, bei Livius die Gallier. Den Verhältnissen entspricht die Darstellung des Polybius, die Livianische wird auf einer Fälschung eines um die Nationalehre allzu besorgten Annalisten beruhen. Schwieriger steht es mit dem §. 7 und 8 auf einmal eintretenden

---

Römern als Grenzposten gegen die Ligurer (und vielleicht auch, weil 1½ Meile davon ein vielgebrauchter Uebergangspunkt über den Po war), besetzt. Die Verwendung als Magazin datiert offenbar noch aus der Zeit vor Placentias Gründung. Im Jahre 218 scheint es von einer Apulischen Socialcohorte besetzt gewesen zu sein. Nach dem Abzug der Punier aus diesen Gegenden scheint es in die Hände der Ligurer gekommen zu sein, von denen es die Römer i. J. 197 Liv. 32, 29, 7 wieder eroberten.

⁷) Vgl. Liv. 25, 8 Mutina praesidiumque. Es waren auch schon damals feste Punkte auf dem alten Wege, den später die Aemilische Strasse verfolgte, besetzt (vgl. Strabo 5, 11). So wird es sich wol auch mit dem Liv. 57, 9 erwähnten Victumuiae verhalten haben, aus dem wie aus allen kleineren Posten die Besatzung zurückgezogen war.

⁸) Aehnlich Ihne Röm. Gesch. II. S. 143.

⁹) Also Parma, das 183 zugleich mit Mutina als Colonie eingerichtet wurde, und Regium Lepidi, das Strabo 5, 11 als ein $\mu\iota\kappa\rho\grave{o}\nu$ $\pi\acute{o}\lambda\iota\sigma\mu\alpha$ erwähnt wird, noch nicht.

Namen legati. Die Erklärungen gehen nach zwei Richtungen auseinander. Theils versteht man unter legati von den Triumviren verschiedene Gesandte, welche von Rom aus geschickt sein sollen.[10]) Keinesfalls könnten sie wegen des eben erzählten Ueberfalles geschickt gewesen sein, da ja die Belagerung sich unmittelbar daran anschliesst. Zum Ueberfluss sagt Livius selbst erst 26, 1 qui tumultus repens postquam est Romam perlatus in einem solchen Zusammenhang, dass die erste Nachricht schon die Bedrängnis des L. Manlius muss gemeldet haben.[11]) Dass aus einem andern Grund eine Gesandtschaft geschickt worden sei, ist nicht wol denkbar, da wir von keinerlei Anlass wissen, und ausserdem erst vor nicht langem die Triumviren von Rom angekommen waren (nach Ascon. zu Cic. Pis. 3 wurde Placentia am 31. Mai deduciert). Dagegen spricht ferner der Umstand, dass als die von den Galliern gefangen gehaltenen an zwei andern Stellen des Livius ausdrücklich oben als Triumviren bezeichnete Männer genannt werden 27, 31, 10 C. Seruilius 31, 19, 6 derselbe und C. Lutatius, an letzterer Stelle mit der Abweichung, dass sie bei Tannetum gefangen worden seien. Es hat also wohl C. Peter Recht, wenn er in der Anm. 10 angeführten Abhandlung in den legati die oben genannten Triumviren sieht. Vielleicht stehen wir auch hier einer kleinen Fälschung eines Annalisten gegenüber. Das Verbrechen der Gallier war grösser, wenn förmliche Gesandte „quod nomen ad omnes gentes sanctum inuiolatumque semper fuisset" (Caes. 3, 9, 3) gefangen genommen worden waren. Der Annalist hätte nichts anders gethan, als was sich Cäsar an der bezeichneten Stelle und 4, 27, 4 (freilich sagt er dort vorsichtiger oratoris modo) erlaubt hat.

Ist das bis jetzt Gesagte richtig, so ist für den Satz §. 5 id quoque — sit factus keine Stelle mehr; Worte, welche auch an sich schon des Auffälligen genug haben.[12]) Für ad expostulandum ist nach dem oben Gesagten keine Beziehung zu finden, ferner ist das Wort überhaupt auffällig. Es steht, wie es scheint,

---

[10]) So glaubt Peter: „Ueber die Quellen des 21 und 22. Buches des Livius (Prog. der Pforta 1863) S. 13 habe die Stelle Livius gemeint, doch hat er das Bedenken, ob nicht eine Corruptel vorliege.

[11]) Endlich wusste man nach 27, 21, 10 lange Zeit in Rom gar nicht, was mit den Gefangenen geschehen sei und hielt sie für getödtet.

[12]) Mit der Streichung des §. 5 ist noch immer vereinbar, dass die Annahme Peters a. a. O. es seien zwei Berichte zusammengezogen, deren einem die §. 4 gegebene Darstellung und der eine der folgenden zwei Ueberfälle, dem andern §. 7 und der andere Ueberfall angehört haben, richtig sei.

bei Livius nur mehr 22, 33, 3, wo es, nachdem der gewöhnliche Ausdruck ex (de) poscere schon vorherging, gebraucht zu sein scheint, um einer Wiederholung auszuweichen. Die Anknüpfung mit quoque an die unmittelbar vorher hervorgehobene Differenz der Namen ist unpassend, da man nicht die ganze frühere Erzählung dadurch in Frage gestellt erwartet, sondern nur einen Nebenumstand. Dubium endlich scheint dem obigen haud dubium est nachgebildet. Es ist wol der Satz die Randbemerkung eines Lesers, dem das unmotivirte Eintreten der Bezeichnung legati in §. 7 auffiel. Dass solche Randbemerkung auch in der dritten Decade, deren Ueberlieferung durch den Puteanus und die aus ihm abgeleiteten Colbertinus und Mediceus eine verhältnismässig gute ist, ist längst anerkannt; vgl. Madvig Emendationes Linianae S. 16 und 23, 19, 8. 23, 35, 15. 22, 36, 4 Weissenborn. 21, 40, 7 Gruter und Madvig. [13])

Die folgenden Worten verstehen Mommsen, Ihne, Peter, Weissenborn, obgleich dieser zweifelnd, so, dass L. Manlius von der Hauptfestung des ager Gallicus Ariminum aus den Marsch nach Mutina begonnen habe. Dagegen macht Voigt mit Recht geltend, dass es bei dieser Marschrichtung unerklärlich sei, wie Manlius, der angegriffen wurde, bevor er nach Mutina kam, nach Tannetum [14]) habe kommen können, welches auf der Strasse von Mutina nach Placentia, zwischen Parma und Regium Lepidi (Reggio) lag. Diese Ortsangabe, welche bei Livius und Polybius feststeht, hat nur einen Sinn, wenn Manlius von Placentia auszog. Polyb. 3, 40, 4, wo die Befestigung, wie schon hervorgehoben ist, vor der Ankunft der Colonisten, also jedenfalls durch Soldaten hergestellt wird, ist der Grund für den Aufenthalt des Heeres oder doch des grössten Theiles desselben in Placentia gegeben.

---

[13]) In unserem Buche sind noch einige Stellen von dem Verdachte einer Interpolation nicht frei: 17, 9 in Punicum bellum; 21, 1 diuenditisque (vgl. 15, 2); 22, 5 praeter omissam urbem (so ist die Ueberlieferung; gesetzt zur Erklärung des folgenden ibi, das auch Weissenborn, wie Zonaras 8, 22 s. fin. zeigt, noch falsch erklärt); 27, 8 eques fere propter equos naues (gemacht aus §. 9.) 45, 2 equitibus quingentis als Reminiscenz aus 29, 1, s. auch über 47, 2 Abh. III. S. 40, Anm. 3.

[14]) Dieser von den Römern wol früher nicht militärisch besetzte Ort Pol. 3, 40, 13; Liv. 25, 14 wird an die Stelle, wo die Strasse von Piacenza nach Ariminum das Flüsschen Enza übersetzt, beim heutigen Dorf St. Ilario angesetzt, so auch Sprunner historische Wandkarte. Livius denkt ihn wol weiter gegen den Po zu liegend, der von St. Ilario über zwei Meilen entfernt ist.

Auf dem Marsche nach Mutina wird nach Polybius 3, 40, 12 f. das Heer überfallen, nach bedeutendem Verluste fliehen die übrigen, bis sie eine Höhe gewinnen und bis Tannetum gelangen; wohin die Gallier ihnen folgen und sie einschliessen. Nach der Specialkarte des österr. militär-geographischen Institutes von dem ehemaligen Parma, Piacenza und Guastalla (Massstab 1:864.000 oder 1 Wiener Zoll = 1200 Wiener Klafter) führt die Strasse von Piacenza (über Parma, Reggio, Modena und weiter über Bologna nach Rimini) bis an das Flüsschen Enza durchaus über ebenes Terrain, nur etwa 3—2 Meilen vor Parma treten an den Bächen Stirone, Rovacchia, in der Nähe von Sandouino, Erhöhungen bis nahe an die jetzige Strasse heran; da die uia Aemilia dieselben Orte berührte, wird sie im ganzen den gleichen Lauf mit der jetzigen Strasse gehabt haben, ferner ist sie selbst wohl älteren Wegen gefolgt, wie die schon vorhandenen Orte Mutina, Clastidium zeigen. Man wird also wol kaum fehl gehen, das von Polyb. §. 13 erzählte ἐπεὶ δὲ τῶν ὑψηλῶν ἥψαντο χωρίων, ἐπὶ πόσον συνίστησαν οὕτως ὥστε μόλις εὐσχήμονα ποιήσασθαι τὴν ἀποχώρησιν auf die bezeichneten Hügel (um 27°, 45′ Länge, 44°, 45—50′ Breite) zu verlegen. Es mussten aber die Soldaten, um die Höhe zu gewinnen, etwas von der geraden Richtung südlich abweichen. Dieser Polybianischen Darstellung entspricht mehr der zweite Ueberfall bei Liv. 25, 12, wenn auch die Schlussworte ut e saltu inuio atque inpedito euasere wol nach dem Gesagten zu viel behaupten.

Unter fortwährenden Kämpfen gelangten die Römer endlich nach Tannetum, wo sie sich verschanzten und von den Bojern, deren immer grössere Massen zusammenströmten, belagert wurden. Liv. 25, 13 ibi se munimento ad tempus commeatibusque fluminis et Brixianorum etiam Gallorum auxilio adversus crescentem in dies multitudinem hostium tutabantur. Unter flumen ist sicher der Po gemeint, da die Enza unschiffbar ist, s. auch Anm. 14. Brixianorum Gallorum hat man auf die den Römern befreundeten Cenomanen bezogen, deren Hauptstadt Brixia (Brescia) war. Aber erstens nennt Livius durchaus das Volk mit dem Namen Cenomani und hätte wohl den Beisatz Gallorum ebenso wenig für nötig gehalten, wie bei den Bojern und Insubrern 21, 1 und den Cenomanen selber 55, 4, zumal er wol sicher sie im 20. Buch vgl. Pol. 2, 23. 2, 24. 2, 32 erwähnt hatte. Ferner war am allerwenigsten Anlass gerade hier sie nach dem Namen ihrer vom

Schauplatz der Begebenheiten sehr entfernten Hauptstadt zu bezeichnen. Es ist das richtige schon durch Binder J. f. Ph. u. Päd. LXXIII S. 483 vgl. auch Voigt S. 5 gefunden: Brixillanorum. Brixellum, oder wie eine inschriftlich und handschriftlich (s. Georges Handwörterbuch s. v.) beglaubigte Form lautet Brixillum, ist das jetzige Brescello am Po, das fast in senkrechter Richtung von S. Ilario etwa zwei Meilen entfernt ist. auxilio ist mit den unmittelbar vorhergehenden Worten in Verbindung zu setzen, so dass es zunächst auf die Verproviantierung zu beziehen ist.

Eigentümlich unklar sind die Angaben über die Truppen, welche in der Polandschaft standen, bei Livius und Polybius. Nach Polybius 3, 40, 14 hat L. Manlius vom Anfang an nur eine Legion, die vierte. Dagegen führt ein von ihm nicht mit Namen bezeichneter Prätor (C. Atilius bei Livius 26, 1) die zwei dem P. Scipio übergebenen Legionen sammt den zugehörigen Socialtruppen (vgl. 40, 14) nach Gallien; demgemäss hebt Scipio zwei neue Legionen aus. Es waren also nach ihm drei Legionen in Gallien. Diese übernahm Scipio, als er von Massilia zurückgekehrt war, von den Prätoren. Später führte Tiberius Sempronius sein gesammtes Landungsheer an die Trebia, welches nach Livius 17. 5 zwei Legionen à 4000 Infant., 300 Kavall., 16.000 Infant., 1800 Kavall. Bundesgenossen zählte. Das Heer, welches P. Scipio ursprünglich für die spanische Expedition bekommen hatte, betrug nach Livius a. a. O. zwei Legionen in der angeführten Stärke, 14.000 Infant. und 1600 Kavall. Bundesgenossen. Die Stärke der vereinten Heere vor der Schlacht an der Trebia, wo man gewiss alle verfügbare Mannschaft verwendet hat, gibt Polybius 72. 11 mit Legionsinfanterie 16.000 Mann, Socialinfanterie gegen 20.000 Mann und gegen 4000 Reiter an. Das wäre die zwei consularischen Heeren d. i. vier Legionen entsprechende Stärke, wobei nur die Zahl der Socialtruppen etwas gering ist gegen die oben erwähnten Angaben. Doch ist zu beachten, dass schon einmal unglücklich gefochten worden, und dass in dem Gefecht der Reiter und Leichtbewaffneten am Ticinus (doch s. S. 40 Terdoppio) der Verlust hauptsächlich die Social (und Auxiliar) Truppen wird betroffen haben; dass bei der Tessinbrücke 600 gefangen werden, dass bei der Flucht der Gallier (Liv. 21, 48, 2) beim Uebergang über die Trebia (48, 6) bei den Scharmützeln c 52 manche verloren gehen. Im Felde stehen also nach Polybius nur die vier Legionen entsprechende Mannschaften, während nach des Polybius eigenen, im vorigen dargelegten

Angaben in Gallien überhaupt fünf sein müssen. Es lässt sich denken, dass Polybius die wirkliche Zahl der in der Schlacht stehenden angeben wolle, wozu die Lagerwache, die Verwundeten und Kranken, die zusammen immerhin an 3000 ausmachen mochten, gekommen sind. Die selbstverständliche Lagerbesatzung (bei Cannä beträgt sie 10.000 Mann Pol. 3, 117, 8) ist ausdrücklich erwähnt Liv. 56, 8) und unter den Livianischen 18.000 Mann wol mitgezählt. Hiezu und zum Besatzungsdienst in den kleineren Posten, die erst nach der Schlacht an der Trebia eingezogen zu sein scheinen (vgl. Polyb. 75, 3 das über Mutina Anm. 7 bemerkte, über Victumuiae Liv. 57, 10 und 12) wurden ausser Socialtruppen, s. Anm. 6 und 3, wol auch die ursprünglich in Gallien stehende „vierte" Legion, die nach dem Vorfall bei Taunetum entmutigt war und stark gelitten hatte, verwendet. Sie scheint auch später in Gallien verblieben zu sein, da die Consuln des Jahres 217 bloss vier Legionen übernehmen, vgl. vorläufig Liv. 63, 15 doch s. unten S. 36. Auch in der Aufzählung bei Appian Hann. 8 scheint sie mitgerechnet zu sein. Vgl. auch Anm. 41. Ob sie im Jahre 216, als man ebenfalls eine Legion unter L. Postumius nach Gallien schickte Pol. 3, 106, 6. 118, 6 noch dort gewesen, ist nicht zu ersehen.

Livius gibt die Zahl der für 218 ausgehobenen römischen Mannschaft mit sechs Legionen zu je 4000 Infant. und 300 Reitern und 40.000 Infanteristen und 4400 Reitern der Bundesgenossen an c. 17, welche so vertheilt werden, dass drei Heere zu je zwei Legionen gebildet werden, von denen eines unter Sempronius nach Sicilien bestimmt wird, eines unter P. Scipio nach Spanien. Ueber die Verwendung des dritten [15]) heisst es §. 9 duas legiones Romanas et decem milia sociorum peditum, mille equites socios, sexcentos Romanos Gallia prouincia eodem uersa in Punicum bellum habuit. Damit stimmt nun nicht ganz, wenn vorher §. 7 es heisst Cornelio minus copiarum datum, quia L. Manlius praetor et ipse cum haud inualido praesidio in Galliam mittebatur, worunter man kaum an ein volles consularisches Heer zu denken berechtigt sein dürfte, wie es doch im §. 9 erscheint; vgl. Voigt a. a.

---

[15]) Liv. 26, 2 dilectu nouo sieht so aus, als ob die Truppen, welche unter L. Manlius in Gallien standen, nicht in diesem Jahre neu ausgehoben, sondern schon vom vorigen Jahre dort gewesen seien. Auch habuit 17, 9 könnte zu einer solchen Deutung führen; doch widerstrebt ihr der Ausdruck 17, 3 scripta. — Ueber eine noch weitere Truppen voraussetzende Darstellung s. S. 32 ff.

O. S. 6. [16]) Zudem ist die Erzählung des Ueberfalles in unserm c. 25 derart, dass die römischen Truppen nicht sehr bedeutend können gewesen sein, da sie von erst allmälig sich vergrössernden Schaaren von Galliern bedrängt werden 25, 14. Hätte L. Manlius zwei Legionen sammt den 17, 9 angegebenen 11.000 Socialtruppen zur Verfügung (wenn auch ein Theil in Ariminum und an anderen Punkten gestanden wäre), gehabt, so würden die Gallier, welche, als nach Livius Darstellung C. Atilius mit **einer** Legion und 5000 Socialtruppen heranzieht, aus Furcht sich verlaufen 26, 2, keinen Angriff, wenigstens auf Tannetum nicht, gewagt haben. Und wenn man annehmen wollte, Manlius habe zwar zwei Legionen und die zugehörige Anzahl Socialtruppen in Gallien gehabt, sei aber nur mit einem Theile, den er augenblicklich zur Hand hatte (in Placentia) ausgezogen, wofür man in dem Ausdruck **effusum agmen** ad Mutinam ducit §. 8 einen Anhalt finden könnte, so hätte man doch wol zuerst die ohnehin in Gallien (und in Ariminum) stehenden Truppen zum Entsatz herangezogen, die mindestens ebenso stark müssten gewesen sein, als die von Acilius nach Livius herangeführten. Dass dies nicht geschieht, dass auch Acilius sie auf dem Anmarsch (wol über Ariminum) nicht aufnimmt, ist ein Beweis, dass Manlius alle seine Truppen bei sich hatte, und auch dafür, dass er nicht über zwei Legionen, sondern nur über **eine** verfügte. Endlich ist der Widerspruch nicht zu übersehen, der nach der Livianischen Darstellung darin läge, dass man von Rom aus, obgleich zwei Legionen nichts hätten ausrichten können, doch nur **eine** geschickt hätte, zumal der bevorstehende grosse Krieg drängen musste, die gallische Revolte möglichst rasch niederzuschlagen. Vollkommen berechtigt ist dagegen die Darstellung bei Polybius.

Bis hieher ist also die Darstellung des Polybius die entschieden glaubwürdigere; ja es finden sich bei Livius nach dem gesagten Spuren, dass auch er eine der Polybianischen gleiche kannte, aber in der bei ihm gewohnten Weise, die wir oben schon an zwei anderen Fällen nachgewiesen haben, mit einer andern

---

[16]) Dass bei Liv. 25 12 im zweiten Ueberfall 6 signa genommen werden, spricht nicht dagegen. Bei einer Legion mit der Normalzahl Socialtruppen waren 30 Manipelzeichen und 10 Cohortenzeichen, ausserdem noch die Vexillen der zugehörigen Reiterturmen, so dass selbst, wenn Manlius nur mit einer halben Legion ausgezogen, die Zahl nicht auffällig ist.

Ueberlieferung verschmolzen oder schon in seiner Quelle verschmolzen gefunden habe.

Es ist oben darauf dargethan worden, dass der Bericht des Polybius über die Stärke des römischen Heeres an der Trebia durchaus nicht zu der Annahme zwinge, dass in Gallien zur Zeit der Schlacht nur vier römische Legionen gestanden haben, [17]) wie Voigt a. a. O. S. 6 will, sondern nur besage, dass an der Schlacht nicht mehr als vier Legionen theilgenommen haben, während die fünfte (d. i. die alte IIII.) auf Besatzung und als Lagerwache verwendet worden sein kann. Die Nachricht bei Liv. 55, 4 duodeuiginti milia Romana erant, socium nominis Latini uiginti, auxilia praeterea Cenomanorum setzt offenbar die Anwesenheit auch der stark geschwächten „vierten" Legion voraus. [18]) Darin, dass Livius 63, 15 legionibus inde duabus a Sempronio prioris anni consule, duabus a C. Atilio praetore acceptis in Etruriam per Appennini tramites exercitus duci est coeptus vier Legionen vom neuen Consul übernommen werden, liegt, ganz hier abgesehen von den weiteren Schwierigkeiten der Stelle, durchaus nicht, dass es im ganzen in Gallien nur vier gab; die vier hatten die zwei consularischen Armeen gebildet, wurden also von den neuen Consuln übernommen, die frühere prätorische blieb in ihrer früheren Bestimmung.

Schwieriger ist es über den Bestand der Truppen, welche Rom im folgenden Jahre hatte, zu einer Sicherheit zu kommen. So bestimmte und entscheidende Angaben, wie sie sonst zu Anfang der Jahre gegeben zu werden pflegen, über die Zahl und die Vertheilung der Legionen finden sich bei Polybius 75, 5 ff. zu dem Jahre 217 nicht, die bei Livius sich findenden sind bedenklich [19]) und theilweise sich und Polybius widersprechend. Die Folge davon ist, dass auch die Auffassung und Erklärung in ver-

---

[17]) Die 6000 Fussgänger, die nach Liv. 54, 6, nachdem die Reiterei nicht hatte Stand halten können, Polyb. 73. 2 τοὺς πελακοντιστὰς εἰς ἑξακισχιλίους über die Trebia geschickt werden, sind wol Velites Liv. 55, 11 (s. auch unten S. 50); 6000 ist aber die Normalzahl der Velites nicht in vier, sondern in fünf Legionen. Man könnte die leichtere Truppengattung einer sonst nicht anwesenden Legion doch mit verwendet haben, weil man sich gegen die Reiterei des Hannibal zu schwach fühlte.

[18]) Unrichtig ist die Bemerkung bei H. Müller a. a. O. S. 19, dass unter den Livianischen 18.000 auch die Reiterei eingerechnet sei (= 16800 + 1200), da die Reiterei 54, 6 und 55, 6 ausdrücklich gesondert erscheint.

[19]) So scheint namentlich 22, 2, 1 habendo dilectu dat operam auffällig, s. Weissenb. zu der Stelle und unten S. 36.

schiedene Richtungen auseinander geht. Mommsen Röm. Gesch. I. S. 600 nimmt, wie Vincke: der zweite punische Krieg S. 251, an, dass die Consuln des Jahres 217 „nur so viel Mannschaft erhielten, um die vier Legionen wieder vollzählig zu machen, einzig die Reiterei wurde verstärkt", während Peter I., S. 350 (2. Aufl.) und Ihne II., S. 171, Anm. 84, letzterer hauptsächlich auf Appian Hann. 7 und 8 gestützt, womit noch zu verbinden ist die allgemeine Uebersicht über die römischen Streitkräfte für das J. 225, die Pol. 2, 24 gibt und §. 1 ausdrücklich auch für den Beginn des zweiten punischen Krieges geltend bezeichnet,[10] eine Aushebung der gewöhnlichen vier neuen Legionen annehmen. Bestimmte Zahlen haben wir über die Verluste am trasimenischen See, so dass es geraten ist hievon auszugehen. Es ist notwendig zum Verständnis mancher Ausdrücke einige kurze Angaben über die Terrainverhältnisse der Wahlstatt vorauszuschicken, über die erst seit Nissens Abhandlung „die Schlacht am Trasimenus" im rhein. Mus. 1867, S. 565—586 volle Klarheit ist.

Das von Arezzo über Cortona bis an den Nordwestrand des Trasimenus reichende Chianathal[11] wird bei dem Dorfe Borghetto gegen Osten zu durch den Monte Gualandro abgeschlossen, dessen Fuss bis an den See reicht; zwischen See und Berg geht die Strasse (und jetzt auch die Eisenbahn) in einer Länge von ungefähr 5000'. Auf der Ostseite des Gualandro breitet sich eine kleine Ebene ungefähr 17.000' aus, bis im Osten ungefähr 5500' vor dem Dorfe Passignano die Berge von Passignano wieder an den See treten, und eine ähnliche Verengung am Ausgang des Defilés bilden wie der Monte Gualandro am Eingang. Die durchschnittliche Breite derselben ist zwischen 6000—7000', doch tritt ungefähr in ihrer Mitte ein Bergrücken, auf dem das Dorf Tuoro liegt, bis auf etwa 2500' dem See nahe, über dem Posthause Casa del Piano, der sie herzförmig einschneidet und in zwei Hälften scheidet. Die westliche derselben zwischen dem Gualandro und Tuoro erstreckt sich in die Breite vom See bis zum Dorf Sanguinetto längs des Baches Macchiarone schluchtartig verengend ungefähr bis zu 9000', die von Tuoro östlich liegende bis zu 5000'.

---

[10] Dieselbe geht auf Fabius Pictor zurück, s. jetzt Historicorum Romanorum reliquiae disp. H. Peter I. S. 36.

[11] Blatt F 12 der Specialkarte „Mittelitalien" des österr. Generalstabes, 1:86400. Die jetzige Strasse von Cortona nach Perugia hält sich auf den Abhängen des Monte Gualandro, die Bahn fährt in dem schmalen Pass zwischen Berg und See.

In diesem Defilé hatte Hannibal seine Aufstellung so genommen, dass er selbst mit den Afrikern und Spaniern auf dem Hügel von Tuoro sich aufstellte, auf den Bergen von Passignano (Hannibals linkem Flügel) die Balearen und die übrigen Leichtbewaffneten standen, um das Durchbrechen zu hindern, auf seinem rechten Flügel [21]) die Höhen und Abhänge des Gualandro von den Celten und der Reiterei, dieser wol an den Aussenabhängen gegen Borghetto zu, besetzt waren, um den Rückzug abzusperren.

Am frühen Morgen, während eines dichten Nebels, wie häufig an Seen, zogen die Römer bei Borghetto ohne Vorsichtsmassregeln in den Engpass. Als die Vorhut schon über Tuoro hinaus, der grösste Theil des Heeres schon im Defilé war Pol. 84, 1, gab Hannibal das Zeichen zum Angriff. Die Celten sperrten den Ausgang nach Borghetto auf dem linken Flügel, die Balearen den Vormarsch bei Passignano, von Tuoro herab griffen die Spanier und Afrikaner an. Es gelang den Römern nicht, aus der Marschdie Schlachtordnung (Front gegen Tuoro) herzustellen Pol. 84, 4; das Gemetzel war vollständig.

Polybius gibt 84, 7 zuerst die Zahl der im Thale (αὐλών) getödteten auf 15.000 an. Davon scheidet er diejenigen, welche noch in dem Engpass zwischen Gualandro und dem See waren §. 8 οἱ δὲ κατὰ τὴν πορείαν μεταξὺ τῆς λίμνης καὶ τῆς παρωρείας ἐν τοῖς στενοῖς [22]) συγκλεισθέντες αἰσχρῶς,

---

[21]) Dass Polyb. 83, 1, der das Terrain so beschreibt, dass es auf der Karte gar nicht zu verkennen ist, diesen Flügel den linken, den bei Passignano den rechten nennt, hat Nissen a. a. O. S. 584 schlagend erklärt. Der bei Polyb. und Livius auf Fabius Pictor (cf. Liv. 22, 7, 4) zurückgehende Schlachtbericht beruht offenbar auf der Schilderung eines römischen Augenzeugen, der durch den Engpass am Gualandro (στενὴ πάροδος παρὰ τὴν παρώρειαν) und ungefähr bis zum Posthaus Casa del Piano auch durch die erste Hälfte der Ebene (αὐλών) marschiert war, als der Angriff geschah und die Marschordnung zur Schlachtordnung durch ein halblinks sich wandte. Die Römer hatten dann den See im Rücken (ἀπ' οὐρᾶς), vor sich die Höhen von Tuora, auf denen Hannibal stand, links auf dem Gualandro die Celten, rechts vor Passignano die Balearen. Liv. 22, 4, 2 beschreibt vom Standpunkt der marschierenden Römer aus uia perangusta (fauces saltus 3) am Gualandro, deinde paulo latior patescit campus die ganze Ebene bis zu den Höhen von Passignano. Die neueste Darstellung von H. Peter Historic. Rom. rel. S. CCXXVI, der die angeführte Localisierung für die des Livius (Caelius) erklärt, wogegen Polyb. die Schlacht auf das südwestliche Ufer (etwa um Panicarola) verlege, hat mich noch nicht überzeugen können.

[22]) Vgl. 83, 1 κατὰ δὲ τὴν ἀπ' οὐρᾶς λίμνην τελείως στενὴν ἀπολείπουσαν πάροδον ὡς εἰς τὸν αὐλῶνα παρὰ τὴν παρώρειαν.

ἔτι δὲ μᾶλλον ταλαιπώρως διεφθείροντο. συνωθούμενοι [μὲν] γὰρ εἰς τὴν λίμνην οἱ μὲν διὰ τὴν παράστασιν τῆς διανοίας ὁρμῶντες ἐπὶ τὸ νήχεσθαι σὺν τοῖς ὅπλοις ἀπεπνίγοντο, τὸ δὲ πολὺ πλῆθος μέχρι μὲν τοῦ δυνατοῦ προβαῖνον εἰς τὴν λίμνην ἔμενε τὰς κεφαλὰς αὐτὰς ὑπὲρ τὸ ὑγρὸν ὑπερίσχον, ἐπιγενομένων δὲ τῶν ἱππέων καὶ προδήλου γενομένης ἀπωλείας.. οἱ μὲν ὑπὸ τῶν πολεμίων, τινὲς δὲ παρακαλέσαντες αὑτοὺς διεφθάρησαν. Da das Hinzukommen der Reiterei erwähnt wird, die auf den Westabhang des Gualandro aufgestellt war, um alles in den Engpass hineinzutreiben, so ist hier offenbar die Nachhut [24]) bezeichnet; die Vorhut, welcher der Durchbruch bei Passignano gelungen war, wird Pol. 84, 14 und Liv. 22, 6, 8 auf 6000 Mann angegeben, so dass man die Nachhut auf mindestens ebenso viele berechnen kann. Der Engpass hat, wie oben gesagt ist, eine Länge von ungefähr 5000′. Wenn die Manipeln mit 5 Mann Front, 32 Mann Tiefe die Hastaten und Principes, 20 die Triarier ziehen, so würde bei einem Abstand zwischen Vorder- und Hintermann von 4′ (vgl. Rüstow Heerwesen Cäsars S. 60 ff.), die Legion ohne Intervalle (4200 Mann) 3360′, die 300 Reiter der Legion etwa bei 5′ Frontraum für den Mann und der oben angenommenen Strassenbreite von 20′ etwa 750′ einnehmen; 6000 Mann Infanterie ungefähr 5000′. — Somit ist bei Polybius die Gesammtsumme der Gefallenen über 20.000. Livius hat offenbar eine der Polybianischen Darstellung ganz analoge Quelle gehabt,[25]) nur hat er nach seiner Gewohnheit die bei Polybius getrennten Abschnitte der Schlacht, im Thal und im Engpass, vermengt, 22, 6, 5 und 6 und ist die Zahl 15.000 als Gesammtsumme der Getödteten 7, 2.[26]) Die Vorhut, 6000 Mann stark, war über Passignano hinaus entkommen, musste sich aber am folgenden Tage der verfolgenden karthagischen Reiterei unter Maharbal ergeben. Pol. 84, 14, Liv. 22, 6, 8—12. Weitere Gefangene erwähnt Livius nicht ausdrücklich,[27]) während Polybius

---

[24]) So fasst die Sache auch Ihne R. G. II. S. 187.

[25]) Nissen nimmt S. 584, dass beide direct auf Fabius zurückgehen, C. Peter „Ueber die Quellen" und H. Peter a. a. O. nehmen wenigstens nicht eine unmittelbare Benützung des Fabius durch Livius an, sondern denken an Caelius Antipater als Mittelglied.

[26]) C. Böttcher „Kritische Untersuchungen über die Quellen des Livius im 21. und 22. Buch" S. 412 fasst die Worte des Livius unrichtig auf.

[27]) C. Peter vermutet: „Ueber die Quellen" S. 33, dass Liv. 7, 2 nach quindecim milia Romanorum in acie caesa ausgefallen sei totidem capta oder ähnliches. Appian Hann. 10 gibt die Zahl der Gefallenen auf 20.000

ganz glaubhaft 85, 1 „im ganzen über 15000" angibt. Doch sieht Liv. 7, 5 so aus, als ob er selbst noch andere Gefangene ausser der Vorhut voraussetzte. Es beträgt somit der Gesammtverlust nach Polybius etwa 35000 Mann, bei Livius 21.000. Dagegen erzählt der letztere, dass 10000 sich gerettet haben und sparsa fuga per omnem Etruriam diuersis itineribus urbem petiere, setzt also ein Heer von mindestens 31000 Mann voraus.

An dieser Notiz zu zweifeln, ist trotz des Schweigens des Polybius kein Grund, da es an sich natürlich ist, dass es einzelnen gelungen, selbst aus dem Thalkessel über die Höhen zu entkommen, 6, 5 [28]) da von der noch nicht in den Pass eingerückten Nachhut wahrscheinlich nicht wenige Gelegenheit fanden, sich zu retten, und auch von den 6000, die sich durchgeschlagen hatten, mancher vor der vollen Einschliessung durch die Reiter des Maharbal sich gerettet haben wird. Zudem folgt in diesem Theil Livius einem im ganzen klaren und von Uebertreibungen im allgemeinen freien Bericht eines römischen Annalisten (s. Anm. 25), während Polybius, wenn, wie man nicht unwahrscheinlich annimmt, Silenus, der im Lager des Hannibal war, eine seiner Quellen gewesen ist, in diesem Geschichtschreiber des Puniers eine solche Notiz kaum finden konnte; doch s. Anm. 25.

Wir haben somit 15000 im Thalkessel Gefallene; wenn wir von der oben mit etwa 6000 angenommenen Nachhut 2000 entkommen lassen, würden noch etwa 4000 zu den Gefallenen hinzuzurechnen sein; gefangen wurden „über 15000"; so dass im ganzen der Verlust auf 35000 sich berechnet; mit den 10000 Versprengten des Livius hätte somit die Stärke des Heeres etwa 45000 Mann betragen. Aber selbst, wenn wir von den Livianischen Flüchtlingen ganz absehen, kommen wir mit den Polybianischen Angaben immer noch auf eine Summe von etwa reichlich 35000 Mann, die zu der Auffassung Mommsens, dass die zwei Consuln bloss die Legionen der vorjährigen Consuln übernommen und sie nur ergänzt haben, nicht stimmt. 21, 17 gibt Livius die Stärke

---

an, die der Gefangenen auf 10.000, die er jedoch alle bei der Vorhut sein lässt. Eb. 25 gibt er die Zahl der in zwei Jahren Gefallenen auf 100.000 an, was, die Schlacht an der Trebia zu der am Trasimenus und bei Cannä mitgerechnet, ungefähr die richtige Zahl sein mag.

[28]) Der Ausdruck des Polyb. 84, 7 τοῦτο δ'ἐκ τῶν ἐθισμῶν αὐτὸ περὶ πλείστου ποιούμενοι τὸ μὴ φεύγειν μηδὲ λείπειν τὰς τάξεις bezieht sich natürlich auf die Gesammtheit und den Anfang des dreistündigen Kampfes.

der Legionen zu 4300 (4000 Infant., 300 Reiter)[29]) an, die Stärke der Socialtruppen betrug für ein consularisches Heer von zwei Legionen regelmässig das gleiche an Fussgängern, das dreifache an Reiterei (Polyb. 6, 26, 7), doch steigt die Zahl des bundesgenössischen Fussvolkes bis aufs doppelte vgl. 21, 17, 5. Die an dieser Stelle besprochene Armee des Sempronius war, da sie zur Landung in Afrika und zum Kriege dort bestimmt war, eine der stärkeren, sie zählte alles in allem 26400 Mann. Es muss somit für die Armee des Flaminius, die sich nach dem früher gesagten mindestens auf 35000 Mann berechnet, ausser den regelmässigen zwei Legionen und den zugehörigen Socialtruppen noch ein weiteres Corps von mindestens 15000 Mann angenommen werden. Dieses kann aber nirgends anders woher genommen sein, als aus der vorjährigen Armee, folglich diese nicht den eigentlichen Bestandtheil der Heere des Jahres 217 bilden, sondern es müssen neue Legionen dann gekommen sein, und zwar, da nach dem Gesagten jedenfalls Flaminius zu seinen neuen zwei Legionen mindestens die Hälfte der Polegionen hatte,[30]) da ferner nach dem im folgenden darzulegenden das Heer des Servilius wol nicht schwächer gewesen ist, als das des Flaminius, **von vier Legionen.** Dies sagt auch Polyb. 3, 75, 5 *Γναῖος δὲ Σερουίλιος, καὶ Γάιος Φλαμίνιος, οἵπερ ἔτυχον ὕπατοι τότε καθεσταμένοι, συνῆγον τοὺς συμμάχους καὶ κατέγραφον τὰ παρ' αὑτοῖς στρατόπεδα.* und Appian 8 *οἱ δ' ἐν ἄστει Ῥωμαῖοι... στρατιάν τε παρ' αὑτῶν ἄλλην κατέλεγον, σὺν τοῖς οὖσι περὶ τὸν Πάδον ὡς εἶναι τριακαίδεκα τέλη, καὶ τοῖς συμμάχοις ἑτέραν διπλασίονα ταύτης ἐπήγγελλον. ἤδη δὲ αὐτοῖς τὸ τέλος εἶχε πεζοὺς πεντακισχιλίους καὶ ἱππέας τριακοσίους. καὶ τούτων τοὺς μὲν εἰς Ἰβηρίαν ἔπεμπον, τοὺς δ' ἐς Σαρδόνα κἀκείνην πολεμουμένην, τοὺς δ' ἐς Σικιλίαν. τὰ πλέονα δ' ἦγον ἐπὶ τὸν Ἀννίβαν οἱ μετὰ Σκιπίωνα καὶ Σεμπρώνιον αἱρεθέντες ὕπατοι. ὧν*

---

[29]) Die Normalstärke ist für Legionsinfanterie in dieser Zeit 4200 Mann, aber ward auch zu 5200 gesteigert. Polyb. 1, 16, 2. 6, 20, 8; die Legionscavallerie bleibt 300; vgl. jedoch auch Anm. 45.

[30]) Selbst hiebei müssen offenbar die Polegionen Verstärkungen erhalten haben, vgl. Anm. 38. — Die von Polyb. 75, 7 erwähnten 1500 Mann leichter Truppen, welche Hiero schickte, kämpften nach Liv. 24, 30, 13 am Trasimenus mit, während er sie 22, 37, 7, 8 erst nach dieser Schlacht geschickt werden lässt. Die Schrift von O. Simon „quam de fastis Romanis conscripsit" (Voigt a. a. O. S. 6), welche zu dem gleichen Resultat mit dem hier nachgewiesenen gekommen zu sein scheint nach der Notiz bei Voigt a. a. O S. 21, habe ich nicht einsehen können.

' μὲν Σερουΐλιος ἐπὶ τὸν Πάδον ἐπιχθεὶς τὴν στρατηγίαν ἐκδέχεται παρὰ τοῦ Σκιπίωνος (ὁ δὲ Σκιπίων ἀνθύπατος αἱρεθεὶς εἰς Ἰβηρίαν διέπλευσεν), Φλαμίνιος δὲ τρισμυρίοις τε πεζοῖς καὶ τρισχιλίοις ἱππεῦσι τὴν ἐντὸς Ἀπεννίνων ὁρῶν Ἰταλίαν ἐφύλασσεν.

Diese Stelle und wol auch der Ausdruck an der angeführten Stelle des Polybius κατέγραφον τὰ παρ᾽ αὐτοῖς στρατόπεδα bekommen ihr Licht aus Polyb. 2, 24. Um neben anderem (s. S. 27) zu zeigen, mit welcher Macht Hannibal den Kampf aufnahm §. 1, gibt er eine Uebersicht über die Streitkräfte, die Rom i J. 225 und, wie eben die Erwähnung Hannibals zeigt, auch um die Zeit des Anfanges des zweiten punischen Krieges zur Verfügung hatte.[11]) Mit Auslassung der Angabe über die Socii, hatten 1) die Consuln vier Legionen à 5200 Fussgängern und 300 Reitern = 20.800 Fussg., 1200 Reit. §. 3. — 2) ἐν δὲ τῇ Ῥώμῃ διέτριβον ἠτοιμασμένοι χάριν τῶν συμβαινόντων ἐν τοῖς πολέμοις, ἐφεδρείας ἔχοντες τάξιν, Ῥωμαίων μὲν αὐτῶν πεζοὶ δισμύριοι μετὰ δὲ τούτων ἱππεῖς χίλιοι καὶ πεντακόσιοι ib. §. 9. An bundesgenössischen Truppen sind sowol bei den zwei Consularheeren als bei dem Reservcheer in Rom 30.000 Fussgänger und 2000 Reiter. — 3) In Sicilien und Tarent je eine Legion mit 4200 Fussgängern, 200 Reitern §. 13. — Wir erfahren hieraus, dass man Reservelegionen in Rom wenigstens in so weit bereit hatte,[32]) dass die Leute in den Fahneneid genommen worden waren, wovon wir Liv. 21, 17 und 57, 2 nichts hören, und auf die man auch, als Scipio seine Legionen nach Gallien abgab 26, 2 (Polyb. 3, 40, 14) s. oben S. 23, noch nicht zurückgriff, sondern lieber neue aushob, ebenso wie man auch dann, als man Hannibals Ankunft in Italien kannte, lieber die weitaussehende afrikanische Expedition aufgab und den Sempronius an den Po beordete. An der Sache selbst ist kein Zweifel möglich; dass Polybius im 3. Buch nur mit der kurzen Bemerkung 75, 5 darauf zurückkommt, ist nach dem 2, 24, 9 Gesagten ganz erklärlich, handelte es sich doch höchstens nur darum die bereits vereideten in Legionen einzutheilen und den Consuln zuzuweisen, sobald man ihrer bedurfte.

---

[11]) Man hat sie in übersichtlicher Form bei Becker-Marquardt Röm. Ant. III., 2, 8. 300. Lange Röm. Altert. II. S. 136 ff. Ihne R. G. II. Anh. S. 401.

[32]) So erklärt sich wol auch der Ausdruck Pol. 3, 75, 5 κατέγραφον τὰ παρ᾽ αὐτοῖς στρατόπεδα; vgl. Liv. 3, 20, 3. Das scheint auch darin angedeutet, dass bei 1 und 3 die Zahl der Legionen, bei 2 nur die Zahl der Mannschaften angegeben ist. Vgl. auch Liv. 27, 3, 9 exercitus urbanus und 22, 11, 8.

Es ist nun die Frage, auf wie viele Legionen die 20.000 Mann gerechnet wurden. Da Polyb. für die Armeen der Consuln ausdrücklich als Stärke der Legion 5200 Mann [33]) angibt, für die Legionen in Sicilien und Tarent ebenso bestimmt 4200 Mann, so wäre es zunächst natürlich, dass die unter 2) aufgezählten noch wie 1) gerechnet würden, wodurch vier Legionen heraus kämen. Dem widerspricht aber die Zahl der Reiter. 300 ist die stehende Zahl der Legionscavallerie, mag die Stärke der Legion 4000 oder 5200 betragen. Da Polyb. nun 1500 nennt, so ergeben sich fünf Legionen, also à 4000 Mann. Doch steht die Sache vielleicht noch anders. In der Polybianischen Aufzählung fehlt eine später im Jahre 218 vorkommende, die „vierte", die unter L. Manlius in Gallien stand. Ist diese aus was immer für einem uns nicht mehr erkennbaren Grunde aus der seit d. J. 225 vorhandenen Reservearmee entnommen, so ergibt sich für das Jahr 218 folgender Bestand:

Zwei Legionen unter Sempronius in Sicilien, dann am Po.
Zwei Legionen unter Scipio, dann an den Po nachgeführt.
Zwei Legionen neu ausgehoben von Scipio, dann in Spanien.
Eine Legion unter L. Manlius am Po.
Eine Legion in Sicilien.
Eine Legion in Tarent.
Vier Reservelegionen in Rom. = 13.

Diese letzteren sind i. J. 216 nicht mehr zur Verfügung, da Liv. 23, 14, 2 (vgl. auch 22, 11, 9) für den Anfang dieses Jahres die Aushebung neuer Reservelegionen berichtet wird.

Hiemit stimmt nun die bei Appian angegebene Zahl der Legionen und auch die Vertheilung unter der oben angenommenen Voraussetzung, dass die Consuln Flaminius und Servilius die vier Reservelegionen und die Reste der Poarmee erhalten, bis auf einen Punct. Appian nennt Tarent nicht, dafür aber Sardinien, ferner sagt Polybius in 2, 24, 13, dass Sicilien und Tarent je eine Legion hatten, sagt aber von Sardinien nichts, dagegen 3, 75, 4 sagt er, dass nach Sicilien und Sardinien Legionen (στρατόπεδα), nach Tarent und an andere Orte Italiens προφυλακαί „Wachen", Beobachtungscorps (etwa aus Socii) geschickt worden seien. Das scheint so zu verstehen, dass in Sicilien die dort bereits stehende (Liv. 21, 49, 6, 10) belassen, die anfangs in Tarent stehende Legion nach Sardinien verlegt worden ist, etwa als nach

---

[33]) Anders Liv. 17, 5 s. oben S. 24. — Die 4000 sind eine runde Zahl, wie auch die 20000 an unserer Polyb. stelle für 21000 stehen; ähnlich Anm. 45.

Zurückrufung des Sempronius dieser seinen Legaten Sextus Pomponius mit 25 Schiffen zum Schutz der Küste zurückliess Liv. 21, 51, 6, vgl. Pol. 3, 96, 9, so dass Polyb. und Appian übereinstimmen.

Was nun die Vertheilung der Legionen für 217 betrifft, so ist die Untersuchung hierüber dadurch eigenthümlich erschwert, dass bei Livius die Uebernahme des Heeres durch Flaminius in einer Weise erzählt wird, von der Polybius nichts weiss. Nach letzterem scheint Flaminius gleichzeitig mit Servilius von Rom abgegangen zu sein und direct nach Arretium sich begeben zu haben 75, 5; 77, 1, Servilius aber nach Ariminum; und zwar scheint dies der **allgemeine vom Anfang an festgesetzte Feldzugsplan für das Jahr 217** gewesen zu sein 75, 6, um den Hannibal das Eindringen in das eigentliche Italien zu verlegen 75, 6. [34])

Servilius ging, wie gesagt, von Rom direct nach Ariminum mit seinem Heere (Pol. 3, 77, 2 ist das bei Φλαμίνιος stehende ἀναλαβὼν τὰς αὐτοῦ δυνάμεις; ebenso bei Γναῖος δὲ Σερουίλιος τοὔμπαλιν ὡς ἐπ' Ἀριμίνου, nemlich προῆγε, zu wiederholen), und übernahm dort die andere Hälfte der früheren Poarmee, also die, welche Scipio Liv. 56, 9 nach Cremona geführt hatte. [35]) Diese Form der Ueberlieferung tritt klar hervor bei Appian Hann. 9 ὡς ὁ μὲν Σερ-

---

[34]) Vgl. Ihne R. G. II., S. 179, Anm. 98. — Von dieser einen Form der Ueberlieferung, die gegenüber der vom Parteihass der Nobilität und im Dienst der Verherrlichung des Fabius entstellten Livianischen alle Wahrscheinlichkeit für sich hat, scheint sich auch bei Livius ein Rest zu finden. Ich glaube nemlich, die bei Livius 21, 59, 10 ganz versprengt stehende Notiz: secundum eam pugnam Hannibal in Ligures, Sempronius L u c a m concessit stand in einem Zusammenhang, wo Sempronius seine zwei Legionen (Scipio hatte die seinen nach Cremona geführt 56, 9) nach Etrurien abführte, damit Flaminius, der von Rom aus direct dorthin, zunächst nach A r r e t i u m, gieng, sie dort übernehme. Die Zeitrechnung stimmt dazu; denn Livius setzt diesen Abzug n a c h dem verunglückten ersten Versuch Hannibals über den Apennin zu gehen; er fiele also ins erste Frühjahr in den Beginn der Feldzugszeit. — Ferner erscheint das Verfahren des Servilius auch bei Livius nach der Meldung, dass Hannibal nach Etrurien gezogen 8, 1, dass er nämlich den Centenius sogleich vorausschickt, was nur bedeuten kann, dass er (auch bei Livius vgl. 3, 8) selbst folgen wollte (Pol. 86, 3), trotz 9, 6, entschieden in Uebereinstimmung mit der Polybianischen Darstellung, dass zwischen den Consuln e i n f ö r m l i c h e r f e s t g e s t e l l t e r K r i e g s p l a n b e s t a n d Pol. 75, 5 und 6 und sie wol auch zu gleicher Zeit und in der angegebenen Richtung von Rom abgiengen (Pol. 77, 1).

[35]) Doch ist im weiteren auffällig, dass 88, 7 Fabius vier Legionen aushebt und mit sich führt und sie mit den Truppen von Ariminum vereinigt συμμίξας ταῖς ἀπ' Ἀριμίνου βοηθούσαις δυνάμεσι περὶ τὴν Ἰαυνίαν, die hier den Eindruck einer geringeren Zahl machen, wenn auch zu berücksichtigen

ουίλιος ἐπὶ τὸν Πάδον ἐπιχθεὶς τὴν στρατηγίαν ἐκδέχεται παρὰ τοῦ Σκιπίωνος³⁶) (ὁ δὲ Σκιπίων ἀνθύπατος αἱρεθεὶς ἱς Ἰβηρίαν διέπλευσεν), Φλαμίνιος δὲ τρισμυρίοις τε πεζοῖς καὶ τρισχιλίοις ἱππεῦσι τὴν ἐντὸς Ἀπεννίνων ὀρῶν Ἰταλίαν ἐφύλασσεν und stimmt ganz zu dem aus Polybius erschlossenen. Dagegen übertrieben sind die Angaben des Appian Hann. 10 über die Stärke des Heeres des Servilius. Denn nach ihm hatte Servilius selbst 40.000, als er gegen Etrurien aufbrach, und Centenius, von dem man nicht sieht, ob er selbstständiger Kommandant oder Legat des Servilius ist, hat 8000 Mann, statt der 4000 Reiter, mit denen er bei Pol. 86, 3 und Liv. 8, 1 vorausgeschickt wird. Es ist dies die einzige directe Angabe über die Stärke der Armee des Servilius, allein trotz des Ausweges, den Ihne II., S. 171 f. einschlägt, dass er ein Hilfscorps der Cenomanen annimmt³⁷) — vgl. die oben S. 32 angeführte Stelle Polyb. 2, 24, 7 — kaum anzunehmen. Dagegen führt uns die Zahl der 4000 Reiter darauf, worauf uns auch die indirecten Beweise im vorigen geführt haben, zu einer Armee von vier Legionen mit den entsprechenden Socii. ³⁸) Zu einer solchen gehören nämlich 1200 Legions- und 3600 Socialreiter. Dass ein marschierendes Heer sich nicht von seiner gesammten Reiterei entblössen konnte, ist ohne weitere Ausführung klar; Servilius behielt sich 800 zurück. Die vier Legionen sind aber nach den Resultaten der bisherigen Untersuchung aus zwei neu ausgehobenen und zwei (den Scipionischen) Legionen der Poarmee zusammengesetzt.

Ganz anders als nach Polybius gehen freilich die Dinge bei Livius vor. Nach ihm hat Flaminius durchs Loos³⁹) die vier in

---

ist, dass ein Theil derselben mit Servilius nach Rom geschickt wird §. 8 vgl. unten Anm. 42.

³⁶) Dass Servilius ebenso wie Flaminius von Rom aus eine Armee mit sich führte, ist in den vorigen Worten enthalten: τὰ πλίονα (der Legionen) δ᾽ ἦγον ἐπὶ τὸν Ἀννίβαν οἱ μετὰ Σκιπίωνα καὶ Σεμπρωνίον αἱρεθέντες ὕπατοι. Die Angabe, Servilius habe von Scipio die Hälfte der Poarmee übernommen, ist an sich auch wahrscheinlicher als die Darstellung des Livius 63, 15, dass Scipio bereits abgegangen und der Prätor C. Atilius, der also von Rom (s. S. 23 u. Liv. 62, 11) wieder nach Cremona gegangen sein müsste, die Truppen nach Ariminum geführt habe.

³⁷) S. auch unten S. 53, Anm. 27.

³⁸) Vgl. Polyb. 71, 13. Liv. 55, 6. Weissenborn zu 22, 36, 3. Vorausgesetzt ist dabei, dass auch die Poarmee Verstärkungen erhalten hat; wie auch oben der von Flaminius übernommene Theil derselben s. Anm. 29. Freilich führt eine andere Darstellung auf zwei Legionen s. unten Anm. 42.

³⁹) Ueber das Auffällige dieser Bestimmung s. Weissenborn zu 63, 1. Ueber die Vierzahl s. oben S. 26, Anm. 17 und 18.

Placentia und Cremona stehenden Legionen erhalten 63, 1 und übernimmt sie persönlich in Ariminum, die Sempronischen von Sempronius selbst, die Cornelischen, da Scipio bereits nach Rom⁴⁰) abgegangen zu sein scheint, von dem Prätor C. Atilius. Mit der Nobilität seit seinem politischen Auftreten und seinem ersten Consulat verfeindet — selbst bei Polybius ist die Auffassung des Mannes stark getrübt — schickt er, wol als die Nobilität die Prodigienmaschine stark spielen liess, 21, 62, an die Poarmee den Befehl, am Tage des Amtsantrittes in Ariminum sich einzufinden, und trat dort das Consulat an. Darob erneute Prodigien. Von Ariminum aus lässt ihn Livius 63, 15 per Apennini tramites nach Arretium ziehen, wol den nächsten Weg über Sarsina vgl. Nissen a. a. O. S. 569. Cn. Servilius trat am 15. März ordnungsmässig in Rom das Amt an und hielt die Aushebung⁴¹), die Livius, nachdem er dem Flaminius die vier Legionen der Poarmee zugetheilt hat, offenbar nur für Servilius und wol auch in der Stärke von vier Legionen — dafür spricht die bei ihm ebenso wie bei Polybius sich findende Angabe über die 4000 Reiter des Centenius⁴²) — vorgenommen werden lässt. Ohne dass von seinem Weggang eine Erwähnung geschieht, scheint er 8, 1 in Ariminum zu stehen, vgl. auch 9, 6 und 11, 5, und von dort aus den Centenius auf die Nachricht (von Flaminius wol selbst), dass Hannibal den Weg nach Etrurien genommen, zu Flaminius zu schicken, was wol die Folge haben sollte, dass er wie bei Polyb. 86, 3 selbst aufbrach, um sich mit Flaminius zu vereinigen, vgl. oben Anm. 34. Auf die Meldung von Flaminius Niederlage marschiert er 9, 6, wie es

⁴⁰) Nach Spanien geht er erst später Pol. 3, 97, 2. Livius 22, 22, 2. Da C. Atilius nach Liv. 21, 62, 10 in Rom ist, müsste er erst ganz kürzlich zur Uebernahme des Befehles nach Ariminum (Cremona?) gegangen sein. Konnte nicht, falls Scipio wirklich weggegangen ist, — vgl. dagegen oben S. 35, Anm. 36 — ein Legat die Legionen nach Ariminum führen?

⁴¹) Die Bedenken, welche sich an diese Aushebung knüpfen, sind von Weissenborn zu 2, 1 dargelegt.

⁴²) Doch auf 2 führt folgendes. Fabius hebt 22, 11, 3 nur zwei Legionen aus, die er mit der Armee des Servilius vereinigt 11, 5. 12, 1. Nach 27, 10 hat aber Fabius nur vier Legionen, die er mit Minucius theilt. Auffällig ist daran, dass diese Legionen, unter denen doch sicher zwei neu gebildete sind, die laufenden Zahlen I., II., III., IIII. haben — IIII. heisst bei Polyb. die unter L. Manlius in Gallien stehende 3. 40, 14. Polyb lässt Fabius vier Legionen ausheben und mit sich führen 88, 7. Es heisst dann bei ihm ὁρμήσας δὲ ταῖς ἀπ' Ἀπεννίνου βορβόροις δυνάμεσι.

scheint von Ariminum erst aus,⁴³) ohne dass hiebei des wie es
scheint auch bei Livius beabsichtigt gewesenen Zuges zu Flaminius weiter gedacht ist. Er zieht nämlich in der Richtung auf
Rom auf der Flaminischen Strasse 9, 6 und übergibt seine Truppen
dem Fabius bei Ocriculum. Fabius schickt den Servilius zum
Schutze der Küste nach Rom, mit dem Auftrage, die in Rom
ausser den zwei Legionen, die mit Fabius ausgezogen waren,
bereits ausgehobenen (magna uis hominum conscripta Romae e r a t
11, 8) grösstentheils einzuschiffen. Im folgenden wird, während bei
Polybius nirgends eine bestimmte Angabe über die Gesammt-
stärke des Fabianischen Heeres sich findet, dasselbe 27, 10 unter
namentlicher Anführung der Legionen auf vier Legionen bestimmt,⁴⁴) so dass also das Heer des Servilius nur zwei Legionen
gezählt haben müsste, während wir oben auf die wahrscheinliche
Stärke von vier Legionen auch nach Livius gekommen waren.
Für die Richtigkeit der Darstellung des Livius spricht s c h e i n b a r
auch Pol. 3, 107, 9—15. Es wird dort angegeben, dass im Jahre
216 zum ersten Male die consularischen Heere je vier Legionen
betragen und v e r e i n t gegen e i n e n Feind gefochten haben ὡς οὐ
μόνον τέτταρσιν ἀλλ᾽ ὀκτὼ στρατοπέδοις Ῥωμαϊκοῖς ὁμοῦ προῄρηντο
διακινδυνεύειν,⁴⁵) während sonst jeder Consul nur zwei Legionen

---

⁴³) Die einigen leichten Gefechte mit den Galliern und die Eroberung
„einer unbedeutenden Stadt", scheinen ein schlecht erfundenes Ausfüllmittel, da
Servilius, so lange er von Hannibal nichts wusste, in Ariminum bleiben musste,
ohne sich in Expeditionen einzulassen; nachdem er über seinen Marsch Kunde
erhalten, für den bei Polyb. stehenden Aufbruch desselben sich auch bei Livius
Spuren finden s. Anm. 34. Ferner ist nicht abzusehen, mit welchen Galliern
er gekämpft haben soll; die Umgegend von Ariminum war schon lange Zeit ruhig.

⁴⁴) Auf dasselbe Resultat führt App. Hann. 17.

⁴⁵) Die Gesammtsumme des Heeres bei Cannä wird von Polyb. 113, 5
auf 80.000 Fussgänger und etwas über 6000 Reiter angegeben, womit im ganzen
Livius 22, 36 stimmt, während Appian 70.000 Fussgänger rechnet, Hann. 17. Die
80.000 Mann sind acht Legionen à 5000 Mann (vgl. Anm. 33), was Pol. 107, 9
und Liv. 36, 3 ausdrücklich bezeugen Höchst auffällig ist die Angabe bei Polyb.
107, 10 und Livius, welche die Aushebung von 300 Reitern für die Legion als
eine Ausnahme, die von 200 als Regel hinstellen. Pol. 6, 20, 9 gibt als Regel
für seine Zeit die Zahl von 300 Reitern, für die frühere Zeit (τὸ παλαιόν) von
200 an, und auch schon i. J. 263 bezeichnet er die Zahl von 300 Reitern 1, 16,
2 als das regelmässige. Livius 21, 17, 8 nennt 600 den i u s t u s equitatus von
zwei Legionen. Ferner stimmt die an unserer Stelle gegebene Zahl von 6000
Reitern zu der Zahl von acht Legionen gar nicht, wenn bei einer Legion 300
gewesen wären, da dann 2400 römische und 7200 bundesgenössische gewesen
sein müssten; vielmehr stimmt sie genau, zumal zu Pol. μικρῷ πλείους τῶν

(sammt einer ungefähr gleichen Zahl der Socialinfanterie) gehabt habe und die meisten Schlachten nur von **einem** consularischen Heere geschlagen worden seien. Doch ist das nicht im strengen Sinne, sondern wol nur von **Neuaushebungen** zu verstehen. So ist bei Polyb. selbst 88, 7 angegeben, dass der Dictator Fabius vier Legionen aus Rom geführt habe. Endlich zeigt wol ὁμοῦ, dass zunächst nur die Vereinigung von acht Legionen zu **einem** Heere, auf **demselben** Kriegsschauplatz gemeint ist.

Wir stehen zwei verschiedenen Traditionen gegenüber, deren eine (Polybius) vorzugsweise nur die Vorgänge auf dem Kriegsschauplatz, hier aber fast durchaus mit dem entschiedenen Anspruch auf Glaubwürdigkeit darstellt, eine zweite (Livius) sowol in der Darstellung der kriegerischen Ereignisse und meist nicht zu ihrem Vortheil von der ersten abweicht, als auch die Vorfälle in Rom selbst mehrfach und zwar von einem entschiedenen Parteistandpunct aus (dem der Nobilität) behandelt. Für die letztere hat C. Peter „Ueber die Quellen" S. 78 ff. den Caelius Antipater als unmittelbare Quelle wenigstens des Livius als sehr wahrscheinlich hingestellt, s. Anm. 24.

Doch erscheinen in Mitte der zweiten Tradition wieder Dinge, die nur in den Zusammenhang der ersten vollständig passen und sich wie ein Rest der echten Ueberlieferung inmitten der mehr oder weniger absichtlich oder unabsichtlich verdorbenen ausnehmen. Ein solches Beispiel scheint das oben Anm. 34 berührte zu sein. An anderen Stellen gehen von einem gemeinsamen Punkte aus zwei verschiedene Berichte auseinander, ohne dass man ein sicheres Criterium hat, welcher der echte oder dem echten am nächsten ist. Ein solcher Fall ist der zuletzt behandelte. Darin, dass nach der Schlacht am Trasimenus mehr als zwei Legionen ausgehoben wurden, stimmen Liv. 22, 11, 8 und 3 und Polyb. 88, 7 überein. Bei Livius bleiben ausser den zwei von Fabius mitgenommenen die übrigen in Rom, wol als Be-

---

ἑξακισχιλίων, wenn gerade umgekehrt statt der normalen 300 nur 200 ausgehoben werden: 1600 römische und 4800 bundesgenössische gleich 6400. Es muss in einer Livius und Polybius gemeinsamen Quelle schon die Verwechslung stattgefunden und von beiden, ohne nachzurechnen, nachgeschrieben worden sein. Die auffällig geringe Zahl der Reiter erklärt sich wol, dass nach den starken Verlusten von Reitern am Ticinus (Terdoppio), an der Trebia, am Trasimenus Reiterei, vor allem die Rosse, schwerer zu beschaffen war, als Mannschaft.

satzung der Hauptstadt und zur Bemannung der Schiffe 11, 9 und aus ihnen nimmt sachgemäss Servilius seine Truppen. Nach Polyb. rückt Fabius mit vier Legionen aus, gibt aber nach der Vereinigung mit Servilius diesem eine Zahl Soldaten (88, 7 ἐξαπέστειλα μετὰ παραπομπῆς εἰς τὴν Ῥώμην), um die Küsten zu schützen.⁴⁶) Lassen sich hier die beiden Berichte in ihrem Ursprunge vereinigen, so ist zwischen den vier Legionen des Fabius, von welchen zwei ausdrücklich auf das Heer des Servilius zurückgeführt werden 11, 3, und den Resultaten der obigen Untersuchung, die auf vier Legionen auch für das Heer des Servilius führte, ⁴⁷) eine Differenz, welche sich wol nur durch Verschiedenartigkeit der Berichte, denen Livius, (bei Polybius findet sich, wie erwähnt, über die Gesammtzahl des Fabianischen Heeres keine Angabe), früher und denen er in der Darstellung des Fabius folgt, erklären lässt. Möglich und sogar wahrscheinlich ist es, dass diese verschiedenen Berichte schon in der nächsten Hauptquelle des Livius vereinigt waren (bei Caelius?).

III. Die Schlacht an der Trebia.¹)

Nachdem Hannibal um das Ende des Septembers über den kleinen St. Bernhard nach Aosta im Thale der Doria Baltea ge-

---

⁴⁶) So ist παραπομπή wol zu fassen, da Polyb. keine in der Stadt befindlichen Truppen erwähnt.

⁴⁷) Ein Ausweg, wie ihn Voigt a. a. O. S. 21 übrigens an einer Stelle, wo es nicht nöthig war, versucht, sich auf multa (!) sociorum auxilia zu berufen, ist weder, wenn man die italischen Socii verstehen soll, bei der Bestimmtheit des Verhältnisses zulässig, noch kommen, was wahrscheinlich gemeint ist, in dieser Zeit auxilia (von socii stets streng geschieden) viel vor; vgl. Liv. 22, 37, 7. 21, 48, 1.

¹) Die Grundgedanken, von welchen die folgende kleine Abhandlung bei der Bestimmung des Schlachtfeldes an der Trebia ausgeht, standen bei mir schon fest, als ich den trefflichen Aufsatz von P. La Roche in München im neuen schweizerischen Museum III. Jahrgang, S. 179 f. „Hannibals Feldzug am Po" kennen lernte. Obgleich ich mich freute, vielfach in der Auffassung der Vorgänge mit ihm zusammengetroffen zu sein, namentlich in der Annahme, dass anfänglich das karthagische und römische Lager auf dem linken Trebiaufer gestanden, sammt allen ihren Consequenzen, in der Bedeutsamkeit des Baches, in dem Mago im Hinterhalt liegt u. a. namentlich auch in der entscheidenden Geltung, die dem Polybius einzuräumen sei, so glaubte ich vorliegende Erörterung nicht zurückhalten zu sollen, da ich bei der Uebereinstimmung in der Hauptsache doch im Detail vielfach abweiche, manches auch von Seiten betrachten zu müssen glaube, die bei La Roche nicht hervortreten.

kommen und einige Tage dort der Erholung des decimierten und fast der Auflösung nahen Heeres gewidmet hatte, erstürmte er zunächst etwas nach Westen ausbiegend die Stadt der Tauriner und brach dann gegen Osten auf, indem er wol nördlich vom Po über Vercellä wie La Roche Neues Schweizerisches Museum III. S. 188 nicht unwahrscheinlich annimmt, gegen Novara und Trecate zu marschierte. Sich dann nach Süden wendend, fand er sich auf einmal dem P. Cornelius Scipio, der von Massilia, als er Hannibal nicht hatte einholen können, nach Pisa zurückgefahren, in Tannetum oder Mutina das Commando über die drei Legionen der Poarmee übernommen, über Placentia marschierend den Po jedenfalls westlich von der letzteren Stadt überschritten, bald den Tessin überbrückt und anfangs in westlicher Richtung, dann, als er genaueres von Hannibal gehört, in nördlicher gezogen war, gegenüber. Ein Gefecht zwischen der beiderseitigen Reiterei, der auf römischer Seite noch die leichte Infanterie beigegeben war, fiel ungünstig für die Römer aus,[2]) der Consul selbst wurde verwundet. Scipio zog sich schleunigst hinter den Po zurück und liess die Brücke abbrechen. Der Uebergang Scipios über den Tessin wird von Polybius gar nicht erwähnt, offenbar, weil er, da die Römer von Hannibal nicht verfolgt werden 66, 3, keine Schwierigkeit bot. Höchst auffällig wäre es, dass, wenn Hannibal wirklich bis zum Po dem Scipio gefolgt wäre, über seinen Tessinübergang nichts erwähnt wäre,[3]) da doch das zur Bewachung der Brücke früher zurückgelassene Detachement Liv. 21, 45, 1 hinlänglich leicht, nachdem das Hauptheer über die Brücke marschiert, dieselbe ohne Gefährdung durch Hannibal hätte vernichten können. Es hat daher P. La Roche a. a. O. S. 197 trotz des Widerspruches von Hermann Müller („Die Schlacht an der Trebia"

---

[2]) Sehr ansprechend ist die Vermutung von P. La Roche a. a O., S. 162, dass Polyb. 3, 65 statt $T\tilde{\eta}$ δὲ κατὰ πόδας ἡμέρας προῆγον ἀμφότεροι παρὰ τὸν ποταμὸν ἐκ τοῦ πρὸς τὰς Ἄλπεις μέρους, worunter den Ticinus zu verstehen sachlich unmöglich ist, der Po aber ebenfalls unpassend und ohne ersichtlichen Grund erwähnt wäre, zu schreiben sei παρά τινα ποταμὸν und von einem der kleinen aus den Vorbergen der Alpen kommenden Flüsschen zwischen Tessin und Sesia — er nimmt den Terdoppio an, es könnte aber auch die Agogna gedacht werden — zu verstehen sei.

[3]) Liv. 21, 47, 2 castra ab Ticino mota festinatumque ad Padum est ist vielleicht ab Ticino eine Wiederholung des §. 3 folgenden, was in unserer Handschrift nicht selten ist vgl. 23, 19, 18; auch 32, 33, 13. Das Lager war etwa einen leichten Tagesmarsch westlich vom Ticinus Liv. 21, 45, 3.

Progr. von Charlottenburg 1867, S. 9) jedenfalls Recht, wenn er mit Cron Jahrb. f. Ph. und Päd. 1855, S. 63 vgl. auch 263 und Peter „Ueber die Quellen des 21. und 22. Buches des Livius" Progr. der Pforte 1863, S. 23 bei der vielbesprochenen Stelle Polyb. 3, 66, 3 ἕως μὲν τοῦ πρώτου ποταμοῦ καὶ τῆς ἐπὶ τούτῳ γεφύρας ἠκολούθει [1]) den Ticinus versteht, nicht aber den Po, und die 600, die gefangen genommen wurden, von der Besatzung der Tessinbrücke. Livius freilich denkt wol entschieden an den Po. Wahrscheinlich marschierte Hannibal von dem Orte der Tessinbrücke bis zur Mündung desselben und gelangte dann am folgenden Tag dem Po aufwärts folgend an eine zur Ueberbrückung geeignete Stelle. Zu weit ist er wol nicht aufwärts gezogen, und Livius Ausdruck 47, 6 biduo uix locum rate iungendo flumini inuentum tradunt sagt zu viel, schon im Zusammenhalte mit §. 7, wo Mago mit der Reiterei und mit leichtbewaffneter spanischer Infanterie [2]) in einem einzigen Tagesmarsch von der Brücke in die Nähe des römischen Lagers kommt. Nun sind von Casteggio, das etwas westlich von der Tessinmündung südwärts des Po liegt, bis Piacenza selbst in gerader Linie etwa sechs Meilen, bis Rottofreno, das etwa 1 1/3 Meile westlich von Piacenza liegt, nicht ganz fünf Meilen, so dass der Poübergang nicht viel westlicher als in der Richtung gegen Casteggio erfolgt sein kann. Dazu stimmt, wenn man auch dieser bloss bei Livius sich findenden Angabe wenig Gewicht beilegt, aber auch die, dass Hannibal mit seinem gesammten Heer am zweiten Tage in die Nähe des Scipio kommt Pol. 66, 10. Dass Livius einen längeren Zeitraum paucis post diebus §. 8 angibt, kommt wol daher, dass er für die Verhandlungen mit den Gesandschaften der nachbarlichen gallischen Stämme einen längeren Zeitraum in Anspruch nehmen zu müssen glaubte.

Livius lässt den Scipio nach Placentia zurückgehen 47, 3 prius Placentiam peruenire, quam satis sciret Hannibal ab Ticino profectos, wozu ganz stimmt, dass Hannibal 6000 Schritte von Placentia sein Lager geschlagen 47, 8 Hannibal paucis post diebus sex milia a Placentia castra communiuit. So auch Appian Hann. 5 εἰς Πλακεντίαν ἀνεχώρουν ἀσφαλῶς τετειχισμένην. Doch einen Uebergang über die Trebia erwähnt Livius nicht.

---

[1]) Am richtigsten hat wol Hultsch πρώτου in Klammern gesetzt.
[2]) Weissenborns Vorschlag §. 6 zu lesen ea cum Magone equites et Hispanorum expeditos praemissos vgl. §. 4 hat viel für sich.

Vorsichtiger noch ist der Ausdruck bei Polyb. 66, 9 ὁ δὲ Πόπλιος περαιωθεὶς τὸν Πάδον καὶ στρατοπεδεύσας περὶ πόλιν Πλακεντίαν.. ἅμα μὲν αὐτὸν ἐθεράπευε καὶ τοὺς ἄλλους τραυματίας...Ἀννίβας δὲ παραγενόμενος δευτεραῖος.. τῇ τρίτῃ παρέταξε τὴν δύναμιν ἐν συνόψει τοῖς ὑπεναντίοις· οὐδενὸς δὲ σφίσιν ἀντεξάγοντος κατεστρατοπέδευσε, λαβὼν περὶ πεντήκοντα στάδια τὸ μεταξὺ διάστημα τῶν στρατοπέδων. Polybius sagt also, ohne ein Ueberschreiten der Trebia durch die Römer zu erwähnen,⁶) dass Scipio in der Umgebung von Placentia gelagert habe. Dass solche Angaben relativer Art sind, zeigt z. B. Liv. 25, 13, wenn Tannetum ein uicus propinquus Pado genannt wird, während es doch über zwei Meilen von demselben entfernt war.⁷) Nach ihm ist Hannibal ungefähr 50 Stadien (ungefähr = 6000 römische Schritte) von dem Lager des Scipio entfernt, also nicht von Placentia, während Livius, der offenbar dieselbe Nachricht wie Polyb. vor sich hatte, sie aber unrichtig verstanden zu haben scheint und den Scipio in oder unmittelbar bei Placentia selbst sein lässt,⁸) daher auch, dies einmal zugegeben, ganz wol sagen konnte, Hannibal sei 6000 Schritte von Placentia entfernt gewesen. Der Bericht des Polybius begünstigt demnach eher die Annahme, Scipio habe noch auf dem linken Trebiaufer gelagert, bei Livius ist sie wenigstens nicht unmöglich. Nun wird die weitere Darlegung zeigen, dass von dieser Annahme aus alles weitere sich wol erklären lässt mit Ausnahme eines Punktes in der Darstellung bei

---

⁶) Allerdings lässt sich daraus allein noch keine Folgerung ziehen, vgl. oben S. 1. Allein es hat die Sache doch eine gewisse andere Bedeutung als oben. Dort ist ausdrücklich angegeben, warum Hannibal nicht augenblicklich dem Scipio folgte 66, 3, weil er erwartete, Scipio werde mit dem Gesammtheere den Angriff erneuern. Es war also der Uebergang über den Tessin für Scipio ganz ungefährdet. Dagegen hätte es, wenn er schon das erste Lager jenseits der Trebia aufgeschlagen, die bestimmte Bedeutung gehabt, dass er seine Front vor einem Ueberfall hätte sichern wollen; woran er erst durch den Abfall der Gallier gemahnt wurde.

⁷) S. Weissenborn zu 47, 7; doch s. oben S. 21, Anm. 15. Gut ist der Hinweis auf unsere Sprachweise bei Cron Jahrb. f. Ph. u. P. LXXI S. 733.

⁸) Weissenborn erklärt Liv. 47, 7 geradezu Placentiam ad hostes contendunt in die Umgegend von Placentia (etwa wie Caes. g. 7, 36, 1 Caesar... quintis castris Gergoniam pervenit) Ja es könnte selbst nach dem Wortlaut bei Livius, obgleich dessen Quelle bei Polyb. klar vorliegt, daran gedacht werden, dass Hannibal und Scipio diesseits der Trebia (westlich) lagerten. Hannibals Lager käme nach der angegebenen Entfernung ungefähr bei Rottofreno zu stehen, das des Scipio etwa bei S. Nicolo.

Livius, der überhaupt jedem Erklärungsversuche spottet. Es wird sich nun wol lohnen an der Hand dieser Voraussetzung die übrigen Ereignisse zu verfolgen. Es lagerten also sowol Scipio als Hannibal auf dem linken Ufer der Trebia,⁹) und zwar Scipio, wie La Roche nicht unwahrscheinlich annimmt, etwa bei Rottofreno, so dass die Front seines Lagers durch das Flüsschen Tidone, das nach der Specialkarte des öst. militär-geogr. Institutes früher einen etwas östlicheren Lauf gehabt hat, gedeckt war. Nach dem von Polybius gegebenen Abstand würde Hannibals Lager etwa in die Gegend des Castells San Giovani zu stehen kommen.

In der folgenden Nacht, der zweiten nach Hannibals Ankunft, entflohen ungefähr 2200 gallische Hilfstruppen aus dem römischen Lager zu Hannibal, nachdem sie „viele getödtet, nicht wenige verwundet hatten" Pol. 67, 3.¹⁰) Scipio hiedurch erschreckt und der Gesinnung der links von der Trebia wohnenden Celten nicht trauend, brach in der nächsten Nacht am frühen Morgen (quarta uigilia Liv. 48, 4, ὑπὸ τὴν ἑωθινήν Pol. 67, 9) auf, um jenseits der Trebia auf einer gesicherten Stelle sich zu lagern, um nicht von der Verbindung mit Placentia und Ariminum und dadurch mit Rom abgeschnitten zu werden, und die Ankunft des an den Po beorderten Amtsgenossen zu erwarten (Pol. 67, 9 ἐποιεῖτο τὴν πορείαν ὡς ἐπὶ τὸν Τρεβίαν ποταμὸν καὶ τοὺς τούτῳ συνάπτοντας γεωλόφους; 68, 5 Πόπλιος μὲν οὖν διαβὰς τὸν προειρημένον ποταμὸν ἐστρατοπέδευσε περὶ τοὺς πρώτους λόφους Liv. 48, 4 profectus ad Trebiam fluuium iam in loca altiora collisque inpeditiores equiti castra mouet. Wie Polyb. an der angeführten Stelle und 68, 4 sagt auch Livius ausdrücklich, dass die Trebia von den Römern überschritten wird, 48, 6, wie auch beide darin übereinstimmen, dass der Nachtrab des römischen

---

⁹) Diese Auffassung findet sich ausser bei La Roche a. a. O. auch bei Rospatt „Untersuchungen über die Feldzüge des Hannibals" S. 14 der nur merkwürdigerweise den Polybius als Vater der entgegengesetzten Ansicht darstellt; H. Müller a. a. O. S. 10; auch Vincke: Der zweite punische Krieg S. 240. Ihne II. S. 159 behauptet sehr zuversichtlich, dass nach Polybius die Schlacht auf dem rechten Trebiaufer vorgefallen sein müsse, ohne die Spur eines Beweises zu bringen. Der Hauptvertreter der letzteren Ansicht ist C. Peter: Studien zur römischen Geschichte S. 19 ff.

¹⁰) Hier ist Livius 48, 2 mässiger; er sagt bloss uigilibus ad portam trucidatis.

Heeres noch auf dem diesseitigen Ufer überrascht und entweder niedergehauen oder gefangen wird.[11])

L. Roche nimmt an, Scipio habe sich etwa zwischen Valera und Grossolengo gelagert, ihm gegenüber Hannibal, von dem Pol. 68, 5 sagt, er habe 40 Stadien (= 1 Meile) von ihm Lager geschlagen (Liv. 48, 7 unbestimmter nec procul inde cum consedisset) zwischen Rottofreno und Veratto (am Po an der Mündung des Tidone), andere, welche das Schlachtfeld der folgenden Schlacht ebenfalls auf dem linken Ufer der Trebia suchen, haben den Raum zwischen der Trebia und Campremoldo in der Nähe des Nurettabaches (der in den Tidone fliesst), etwa $1/_2$ Meile südlich von Rottofreno als Ort der Schlacht angenommen,[12]) so dass also auch das Lager Hannibals in diese Gegend verlegt werden müsste, während das des Scipio, wie es La Roche annimmt, zwischen Grossolengo und Valera, dann dem karthagischen fast ganz gegenüber gelegen wäre. Für die Bestimmung des Schlachtfeldes und der Lager sind hauptsächlich folgende Umstände von Wichtigkeit.

Wie die oben angeführten Stellen aus Livius und Polybius beweisen, war das Lager des Scipio auf einer Erhöhung. Wenn Polyb. 68, 5 sagt διαβὰς τὸν προειρημένον ποταμὸν ἐστρατοπέδευσε περὶ τοὺς πρώτους λόφους, so sind nach der Richtung des Marsches die ersten Höhen jenseits der Trebia in west-östlicher Richtung bei Podenzano und Boffalora vom Flusse etwas weiter entfernt; jedoch beweist der Ausdruck an der früher angeführten Stelle ὡς ἐπὶ τὸν Τρεβίαν καὶ τοὺς τούτῳ συνάπτοντας γεωλόφους und Liv. 48, 7, dass Hügel gemeint sind, die mehr an die Trebia herantreten. In der Gegend von Valera und Grossolengo nun ist auf der angeführten Specialkarte keine Erhöhung zu finden, die ersten sind auf dem rechten Ufer eine halbe Meile südlicher an dem oberen Lauf des Baches Trebiola (weiter il Rifiuto genannt), der seine Quellen in denselben hat, von Rivergaro an der Trebia nördlich verlaufend. Als πρῶτοι λόφοι würden für einen von Nordwesten über die Trebia kommenden die mässige plateauartige Höhe, auf der das Dorf Suzzano zwischen Niniano und Podenzano

---

[11]) So bezeichnet sie Polyb. 68, 4. Liv. 48, 6 sagt paucos moratorum. Aehnlich spricht Polyb. 66, 4 von einer Besatzung der (Tessin) Brücke; Liv. 47, 2 sagt tamen ad sexcentos moratorum in citeriore ripa Padi segniter ratem soluentes cepit, wo indessen moratores nicht recht zur bestimmten Verrichtung, zu der sie zurückgelassen sind, passt und wol aus 48, 6 übertragen ist.

[12]) Woran auch die Tradition haftet.

steht, am besten zu bezeichnen sein. Die Entfernung von Rottofreno, wo wir oben mit P. La Roche das erste Lager des Scipios ansetzten, beträgt in gerader Richtung zwei Meilen, von denen ungefähr eine Meile auf dem linken Trebiaufer, der weitere Weg entlang dem rechten Ufer gemacht werden mochte. Weiter südlich zu suchen, verbietet entschieden die klare und bestimmte Angabe Polyb. 71, 1. πάλαι δὲ συνεωρακὼς μεταξὺ τῶν στρατοπέδων τόπον ἐπίπεδον μὲν καὶ ψιλόν. [13])

Nach diesem würde sich die Lage des punischen Lagers und des Schlachtfeldes bestimmen. Polyb. gibt 68, 7 die Entfernung desselben vom römischen auf 40 Stadien = 1 Meile an.[14]) Es muss ferner nicht ganz nahe an der Trebia gewesen sein, da Hannibal, als schon das Heer des Sempronius über die Trebia gesetzt ist, sein Heer aus dem Lager führt. Polyb. 72, 7. Ἀννίβας δὲ τὸν καιρὸν ἐπιτηρῶν ἅμα τῷ συνιδεῖν διαβεβηκότας τοὺς Ῥωμαίους τὸν ποταμὸν προβαλόμενος ἐφεδρείαν τοὺς λογχοφόρους καὶ Βαλιαρεῖς, ὄντας εἰς ὀκτακισχιλίους, ἐξῆγε τὴν δύναμιν. καὶ προαγαγὼν ὡς ὀκτὼ στάδια πρὸ τῆς στρατοπεδείας τοὺς μὲν πεζοὺς ἐπὶ μίαν εὐθεῖαν παρενέβαλε.[15]) Es muss also ausser den 8 Stadien (= 1000 römische Schritte) noch Raum für die römische Armee und ihre Aufstellung und ein etwas grösserer Raum zwischen den zwei Heeren, auf dem sich das die Schlacht einleitende Reitergefecht noch fortsetzte Liv. 55, 3, und den Kampf der Leichtbewaffneten Pol. 70, 1 gewesen sein. Doch wäre es an sich nicht notwendig, dass die beiden Heere in streng ostwestlicher Richtung sich entgegenstanden, sondern es könnte, wenn das römische Lager auf dem rechten Ufer südlicher

---

[13]) Dieses ist allerdings zunächst von dem Schlachtfeld auf Seite des punischen Lagers gesagt. Aber dieses müsste dann ebenfalls südlicher gelegt werden, damit die von Polyb. 68, 7 angegebene Entfernung vom römischen gewahrt würde, und würde dann geradezu in das Bergland, das auf dem westlichen Ufer der Trebia noch etwas weiter nach Norden reicht als auf dem westlichen, verlegt werden müssen.

[14]) Auf einer ungenauen Benützung dieser Stelle scheint Appian Hann. 6 zu beruhen: Σεμπρώνιος .. ἐν Σικελίᾳ τότε ὢν ταῦτα ἀκούσας (den Rückzug Scipios nach Placentia), διέπλευσε πρὸς τὸν Σκιπίωνα καὶ τεσσαράκοντα σταδίους αὐτοῦ διασχὼν ἐστρατοπέδευσεν. Ebenso scheint die folgende Bemerkung, dass gleich am Tage darnach die Schlacht ist, auf flüchtiger Benützung von Pol. 72, 2 zu beruhen; doch s. auch Anm. 19.

[15]) Unmittelbar vorher heisst es: οἱ δὲ Καρχηδόνιοι κατὰ σκηνὰς βεβρωκότες καὶ πεπωκότες καὶ τοὺς ἵππους ἡτοιμακότες ἤλειφοντο καὶ καθωπλίζοντο περὶ τὰ πυρὰ πάντες.

lag, das karthagische auf dem linken nördlichen, die Schlacht so geschlagen worden sein, dass die Römer nach Nordwesten, die Karthager nach Südosten sahen. Die südlichste Stelle, nach welcher man das karthagische Lager noch verlegen könnte, wäre die Gegend um Rivasso, Agazzano, Borgomasca, da hier schon das Bergland beginnt, das sich bis zum Hauptzug des Apennins an den Quellen der Trebia und der Nure (Monte Candelosso und Monte Penna) erstreckt und nirgends mehr eine Ebene, die der Schilderung Polyb. 71, 1 entspräche, sich findet.[16]) Wenn P. La Roche S. 200 Hannibals Lager zwischen Rottofreno und Veratto sucht (der letztere Ort liegt am Po selbst, letzterer etwa $\frac{1}{2}$ Meile südlicher), so scheint das nicht zu dem zu passen, was über den Plünderungszug der Karthager gegen die Gallier „zwischen Trebia und Po" bei Livius 52 und Polyb. 69, 5 f. steht. Stand Hannibal so nahe am Po, so war das Gebiet, über das sich die Plünderung erstrecken konnte, ein ungemein kleines, und der Ausdruck des Livius 52, 5 populari omnem deinceps agrum usque ad Padi ripas wird ganz bedeutungslos. Freilich ist zuzugeben, dass besonders die Schilderung bei Polyb. sehr kleine Verhältnisse vorauszusetzen scheint, wenn an einem Tage (72, 2)[17]) all das erzählte vorgegangen ist.

Um zu einem weiteren Argument überzugehen, ist es nötig, zuerst die Ereignisse bis zu der Schlacht an der Trebia und dann diese selbst kurz darzustellen.

In seinem zweiten Lager wartete Scipio die Ankunft seines Amtgenossen Ti. Sempronius Longus, der vom Senate wol sogleich auf die erste Nachricht davon, dass Hannibal in Italien sei, aus Sicilien zurückberufen[18]) und an den Po beordert worden war, ruhig ab. Sempronius kam über Ariminum und vereinigte sich[19])

---

[16]) Auf der westlichen Seite der Trebia reichen die Höhen noch etwas weiter nördlich s. Anm. 13, was Peter „Studien zur römischen Geschichte" S. 44 Anm. als Argument für seine Auffassung, dass Scipio im Westen der Trebia gelagert habe, benutzt.

[17]) τῷ γεγονότι τῇ προτεραίᾳ περὶ τοὺς ἱππεῖς εὐημερήματι. Livius 53, 6 und 11; 54, 3 setzt mehrere Tage Zwischenzeit voraus.

[18]) Vgl. La Roche S. 202. H Müller a. a. S. 12. Ihne R. G. II. S. 158, Anm. 52. Peter R. G. I. S. 347.

[19]) Die Darstellung des Polybius an dieser Stelle widerspricht der Bemerkung, welche er 3, 108, 8 dem L. Aemilius in dem Mund legt, dass am Tage nach der Ankunft des Sempronius an der Trebia gefochten worden sei; vgl. oben Anm. 17.

mit Scipio ungestört von Hannibal.[20]) Die Vereinigung muss allerdings nach Polyb. 69, 1 ungefähr gleichzeitig mit der Einnahme von Clastidium vor sich gegangen sein. Kurze Zeit darauf fiel der oben schon berührte Beutezug gegen die Gallier „zwischen Trebia und Po" vor. Es sind diese wol dieselben, welche Polyb. 2, 17, 7 Ananes 2, 34, 5 Andri (?) mit dem Hauptorte Clastidium und 2, 32, 1 Anamares nennt, (vgl. H. Müller a. a. O. S. 14), welche, sich 123 den Römern unterworfen und in ihrem Hauptorte Clastidium eine Besatzung hatten.[21]) Aus diesem Verhältnis des wol nicht sehr bedeutenden Stammes ist ihre zweideutige Haltung leicht erklärlich. Auf ihre Bitten sandte Sempronius den grössten Theil seiner Reiterei (die gesammte wird Liv. 55, 6 mit 4000 angegeben) und 1000 Leichtbewaffnete zur Abwehr des karthagischen Streifcorps über die Trebia. Dieses wurde auf das punische Lager zurückgeworfen, nachdem es aber Unterstützung bekommen, drängte es die Römer wieder zurück. Den Römern kam nunmehr der Rest der Reiterei und der Leichtbewaffneten zu Hilfe. Hannibal rief die seinen zurück und liess den Römern den Ruhm des Erfolges. Pol. 69, 5—14, Liv. 52. Was er bezweckt hatte, geschah; Sempronius drängte um so mehr zu einer Hauptschlacht. Wie gewöhnlich suchte Hannibal neben der grössten Sorgfalt der Vorbereitung und der grösstmöglichen Ausnützung der Terrain- und Witterungsverhältnisse auch Gelegenheit zu einem Hinterhalt. Pol. beschreibt die Sache folgendermassen 71, 1: πάλαι δὲ συνεωρακὼς μεταξὺ τῶν στρατοπέδων τόπον ἐπίπεδον μὲν καὶ ψιλόν, εὐφυῆ δὲ πρὸς ἐνέδραν διὰ τὸ ῥεῖθρον ἔχον ὀφρύν, ἐπὶ δὲ ταύτης ἀκάνθας καὶ βάτους συνεχεῖς ἐπιπεφυκότας, ἐγίνετο πρὸς τῷ στρατηγεῖν τοὺς

---

[20]) Man hat hierin mit Recht einen Beweis dafür gesehen, dass das römische Lager auf dem östlichen Ufer der Trebia gewesen. Die Vertheidigung der gegenseitigen Ansicht von Ihne R. G. II. S. 159, Voigt 13—15, Peter Studien S. 36 ist unglaublich, zumal, wenn Voigt davon Beweise hernimmt, dass die Karthager „im Gebirge" den Römern nicht gewachsen gewesen wären. Was die Gallier bei Tannetum und sonst oft zu benützen verstanden, das hätte Hannibal auch verstanden (Trasimenus). Uebrigens ist das Bild, das Voigt sich von der Beschaffenheit des Landes macht, falsch; von Ariminum bis Placentia gab es auf der Strasse keine Berge. Wenn Ihne anführt, dass Hannibal vielleicht mit der Einnahme von Clastidium beschäftigt war, so hat dieselbe ihn nach Pol. 69, 1 Livius 48, 8 nicht aufgehalten, „da kein Widerstand geleistet wurde".

[21]) S. Mommsen R. G. I. S. 597. Gut bemerkt H. Müller S. 30, dass Livius 52, 5 populari omnem deinceps agrum usque ad Padum ripas das westliche Ufer voraussetze, da auf dem östlichen zunächst Placentia selbst die Plünderung am Po gehindert hätte.

ὑπεναντίους· ἔμελλε δ' εὐχερῶς λήσειν. Es folgt §. 2 ein kleiner Excurs darüber, dass die Römer von ihren Kämpfen mit den Galliern her nur sumpfige Orte wegen eines Hinterhaltes fürchteten, nicht aber ebene und kahle, die doch geeigneter seien, als sumpfige, da die Aussicht der versteckten besser sei und sich doch in der Regel auch verdeckende Gegenstände finden §. 4 τὸ γὰρ τυχὸν ῥεῖθρον μετὰ βραχείας ὀφρύος, ποτὲ δὲ κάλαμοι καὶ πτέρεις καί τι γένος ἀκανθῶν, οὐ μόνον πεζοὺς ἀλλὰ καὶ τοὺς ἱππεῖς ἐνίοτε δύναται κρύπτειν, ἐὰν βραχέα τις προνοηθῇ τοῦ τὰ μὲν ἐπίσημα τῶν ὅπλων ὕπτια τιθέναι πρὸς τὴν γῆν, τὰς δὲ περικεφαλαίας ὑποτιθέναι τοῖς ὅπλοις. Es ist also ein Bach mit erhöhten Uferrändern, diese noch bekleidet mit fortlaufendem Dorngestrüpp. Das im weiteren von 2 ab Gesagte hat mit dem Bache in unserem speciellen Falle nichts zu thun. Liv. 54, 1 Erat in medio [22]) riuus praealtis utrimque clausus ripis et circa obsitus palustribus herbis et, quibus inculta ferme uestiuntur, uirgultis uepribusque. Wollte man nach Livius suchen, so würde dem Ausdruck praealtis utrimque ripis (vgl. 44, 39, 8) am ehesten die Nuretta, ein parallel mit der Trebia von ihr ungefähr 15000' entferntes Nebenflüsschen des Tidone am ehesten entsprechen. Doch ist der Superlativ praealtis wol eine Zuthat des Livius, da besonders die oben ausgeschriebene allgemeine Bemerkung des Polybius mit dem Ausdruck μετὰ βραχείας ὀφρύος zeigt, dass auch im vorliegenden Falle nur an eine mässige Erhöhung zu denken sei. Livius musste

---

[22]) Die Angabe, in wessen Mitte, fehlt, da im vorigen nichts von der Ebene vor dem punischen Lager steht. Die palustres herbae würden im December oder Jänner wol nichts mehr zu verdecken im Stande gewesen sein, wenn man auch ihr Vorkommen auf „sehr hohen Uferrändern" überhaupt glaublich fände. Die Stelle sieht entschieden so aus, als ob Livius die Notiz des Polybius flüchtig gelesen und das, was allgemeine Bemerkung ist, in die Beschreibung des speciellen Ortes hineinverwebt hätte. Die Sache wäre um so charakteristischer und beweisender, da sie eine sicherlich Polybius ganz allein angehörige Bemerkung träfe und die Erklärung einer gemeinsamen ersten Quelle (des Silenus, den Polybius direct, Livius indirect durch den directen Benützer Caelius Antipater benützt haben soll), hier sicherlich falsch wäre. Es scheint mir, dass auf diesem Weg die Lösung der Frage über das Verhältnis zwischen Livius und Polybius in den ersten Büchern der dritten Decade gefördert werden dürfte, doch enthalte ich mich vorläufig noch jedes bestimmten Urtheiles, will jedoch hier auf eine bezeichnende Stelle hinweisen. 21, 5, 9 ist uallo ita producto nach der ganzen Situation unverständlich; hat nicht L. bei Pol. 3, 14, 5 πρόβλημα ποιησαμένου τὸν Τάγον missverständlich πρόβλημα als uallum statt als munimentum gefasst?

freilich, da er ἀκάνθας καὶ βάτους συνεχεῖς ἐπιπεφυκότας ungenau durch uirgultis uepribusque (ohne perpetuis oder continuis) wieder gegeben hatte, dem Flussbett an Tiefe zulegen. Ferner würde die Nuretta wol zu weit westlich von dem eigentlichen Schlachtfeld liegen, wenn auch die ebene Beschaffenheit des Terrains den im Hinterhalt liegenden die Wahl des rechten Augenblickes erleichtert hätte.

Allen Anforderungen (und besonders einem allerdings nur bei Livius sich findenden (55, 9) aber der Situation entsprechendem Zuge, von dem später Anm. 33 die Rede sein wird, leistet ein Bach [24]) Genüge, der nach der angeführten Karte in den Ausläufern der Apenninen zwischen der Nuretta und Trebia entspringt, bei Borgamasca, wo er die letzten Höhen verlassend durch deren Richtung bedingt eine nordwestliche Richtung gegen Campremoldo di sopra einschlägt, jetzt jedoch, wie es scheint, zur Bewässerung aufgelöst ist. Standen in diesem etwa in der Nähe von Borgamasca die 2000 im Hinterhalt, so konnten sie von den etwas nördlich von Borgamasca (im Osten) über die Trebia setzenden und sich etwa in der Linie Tuna-Casaliggio-Gragnanino aufstellenden Römern unbemerkt bleiben. Sonst finde ich auf dem Raume zwischen Tidone und Trebia von Agazzano, Rivasso, Borgamasca nördlich keinen entsprechenden Wasserlauf, auch nicht auf dem östlichen Ufer der Trebia, wohin nicht wenige (davon später) das Lager Hannibals und das Schlachtfeld verlegen; der Rifiuto (Trebiola) wäre zu weit östlich gelegen.

In diesem Hinterhalte liess Hannibal noch in der Nacht seinen Bruder Mago mit 1000 auserlesenen Reitern und ebenso vielen Fussgängern lagern; mit dem Anbruch des Tages schickte er seine numidische Reiterei über die Trebia, um die Römer, wo möglich noch, bevor die Soldaten gefrühstückt, zu einem Kampfe heraus und in der Hitze des Verfolgens über den Fluss zu locken.

---

[24]) P. La Roche S. 205 sucht entsprechend seiner Annahme in dem bei Rottofreno in den Tidone vecchio (Nuretta) mündenden Büchlein Loggia den betreffenden Wasserlauf. Nach der mir vorliegenden Karte ist derselbe in seinem Unterlauf ein sehr kleines Bächlein, in so ebenem Terrain, dass von einem etwas tieferem Einschnitt keine Rede sein kann und dass durch ihn gewiss kein Mann geschweige denn ein Pferd verborgen gewesen sein könnte. Wie ferner 2000 Mann mit 1000 Pferden in einem so kleinen Bächlein Platz gefunden, ist absolut nicht abzusehen. Wenn La Roche das an dessen Rändern „wuchernde Röhricht, Gestrüpp und Unkraut" zu Hilfe nimmt, so hat er wol vergessen, dass Ende December auch am Po kein Unkraut oder Röhricht wuchert.

Pol. 71, 10 f Liv. 54, 4 f. Die Absicht gelang, Sempronius schickte anfänglich seine gesammte Reiterei (4000 Pferde nach Liv. 55, 6), dann noch 6000 Fussgänger, die von Polyb. 72, 2 genauer als „die Leichtbewaffneten" bezeichnet werden, ab, welche wahrscheinlich die Liv. 55, 11 erwähnten uelites [24]) sind. Zugleich

[24]) Die 6000 können nicht Cenomanen gewesen sein, da diese in der Schlacht selbst auf einem bestimmten Punkte als vereinter Körper 55, 1 (vgl. 55, 4) erwähnt werden. Von sonstigen auswärtigen auxilia hören wir im zweiten punischen Kriege erst 22, 37, 7. Die Rorarii werden nirgends mehr erwähnt, so dass sie wol nicht mehr bestanden. Es müssen also entweder aus den Legionen oder den Socialcohorten entnommene Leute sein. Von letzteren wissen wir nichts, wol aber enthalten die Legionen die nötigen Leute in den Velites. Da deren Zahl, wie sich aus Pol. 6, 21, 9 ergibt, 1200 in der Legion beträgt, würden die 6000 fünf Legionen entsprechen. Die Erwähnung der Velites hier und 23, 29, 3. 24, 34, 5 vor ihrer angeblichen Einführung i. J. 211 (Liv. 26, 4, 4) hat keinen Anstoss, vielmehr scheint an der letzten Stelle ein Glossem zu sein und sie überhaupt falsch verstanden zu werden. Die Polybianische Darstellung der römischen Heerverfassung 6, 19 ff. passt so sehr in allen Dingen zu den Erwähnungen, die aus der Zeit des zweiten punischen Krieges vorkommen, dass man schliessen muss, es sei die von Polyb. beschriebene Organisation vollständig schon am Anfang desselben bestanden. Ein wesentlicher Bestand der Legion, der als vierter neben den Triariern, Principes und Hastaten aufgeführt wird, sind die Velites. Ihre Einführung statt der Rorarier (den Leichtbewaffneten der (4. und) 5. Klasse) kann mit der Aenderung der Centurienverfassung zusammenhängen, kann aber auch wol schon im Kriege mit Pyrrhus durch die Notwendigkeit, den Elephanten bei jedem Manipel leichte Truppen entgegenzustellen (vgl. 30, 33, 14 ff. 3) hervorgerufen worden sein. Als förmlicher Theil der Legion erscheinen sie 23, 29, 3 und zwar zu Fuss. Das 26, 4, 4 berichtete ist eine durch einen speciellen Umstand hervorgerufene Verwendung der Veliten, dass sie sich hinter die Reiter auf die Pferde setzen und in den Bereich der feindlichen Reiterei gekommen abspringen; die allerdings oft wiederholt worden sein mag, und wie man aus dem Scherze des Titinius im Barbatus bei Nonius Marc. p. 380 Gerl. s. v. ueles ersieht, wol wegen des etwas grotesken Anblickes sprichwörtlich geworden sein mag. Dieser Erklärung widerstrebte selbst Livius 26, 4, 4 nicht, wenn der auch sonst sehr befremdliche, an störender Stelle stehende, und namentlich zu den folgenden Worten: auctorem peditum equiti inmiscendorum centurionem Q. Nonium ferunt nicht passende Satz §. 10 institutum, ut uelites in legionibus essent ausgeschieden wird. Vielleicht liegt die Quelle der Einschiebung in Val. Max. 2, 3, 3 noch vor, der aus der Erwähnung der hastae uelitares bei Liv. §. 4 kurzweg die Einführung der Veliten in dem Jahre 211 folgerte: Velitum usus eo anno primum repertus est. Es würde zu Livius dann vollständig die Darstellung bei Frontin Strateg. 4, 7, 29 passen, wie auch eb. 2, 3, 16 vollständig zu Liv. 30, 33, 3 und 14 stimmt Die Verwendung der Veliten in der bei Liv. 26, 4 und Val. Max. angegebenen Weise beschreibt auch Isidor. Orig. 9, 3, 43 fügt aber durch igitur eine Verwendung, die offenbar nur innerhalb der acies stattfindet, hinzu,

liess er das gesammte Heer aus dem Lager und über die Trebia
rücken. Es war um die Zeit der Wintersonnenwende und ein Tag
mit Schneegestöber; das Wasser der Trebia, durch Regen im Gebirge während der Nacht stark angeschwollen, reichte den Leuten
bis zur Brust, die Leute waren noch weniger im Stande der Kälte
zu widerstehen, da sie nicht hatten frühstücken können. Dagegen
hatte Hannibal in jeder Weise dafür gesorgt, dass die seinen in
bester Verfassung zum Kampfe wären. Sobald er gesehen, dass
Sempronius mit der Gesammtmacht über den Fluss setzte, führte
auch er seine Truppen aus dem Lager und stellte sie 8 Stadien
(1000 röm. Schritte) vor demselben in Schlachtordnung. Als Vorhut schickte er Leichtbewaffnete und Balearen, 8000 an der Zahl,
voraus.[25]) Sempronius rief, nachdem das Heer die Trebia überschritten, seine Reiterei, die den Numidern gegenüber nichts ausrichten konnte, zurück und stellte sein Heer zur Schlacht. Seine
Macht bestand nach Polybius 72, 11 aus 16000 Legionssoldaten
nach Liv. 55, 4 aus 18000 (s. oben S. 23), 20000 Socialtruppen,
einem Hilfscorps der Cenomanen Liv. 55, 4, das jedoch Polybius
nicht erwähnt; doch vgl. Polyb. 2, 24, 7; seine Reiterei zählte
gegen 4000 Pol. 72, 13; Liv. 55, 6. Die Aufstellung der Legionen
geschah κατὰ τὰς εἰθισμένας παρ' αὐτοῖς τάξεις Pol. 72, 11, also in

indem er durch ein arges Misverständnis der Darstellung des Livius 27, 49, 1,
die bis aufs Wort wiederkehrt, die Elephanten des Hasdrubal (den Hannibal
nennt Isidorus) in der Schlacht bei Sena, welche schon gegen die eigenen Leute
wüten, statt, wie Livius von den eigenen Lenkern, von den römischen Veliten
fabrili scalpro inter aures adacta getödtet werden lässt. Dieselbe Verwendung
der Veliten und zwar als einzige Bestimmung, wie Valerius Maximus, hat auch
Veget. 3, 16, der sie 3, 24 post med. sogar gegen die Elephanten zu Pferde
kämpfen lässt. Als Fusstruppe erscheinen die Veliten noch Liv. 38, 21, 13 (und
23, 29, 8); dagegen könnte 31, 35, 2 wol dasselbe Manöver wie 26, 4 angewendet worden sein; 24, 34, 5 sind sie mit andern Leichtbewaffneten zu Schiffe;
das beigesetzte etiam zeigt ex ceteris nauibus sagittarii funditoresque et uelites
etiam ... uix quemquam sine uolnere consistere in muro patiebantur vielleicht an,
dass das nicht ihre gewöhnliche Verbindung gewesen sei.

[25]) Polyb. 72, 7, woraus bei dem fast wörtlichen Zusammenstimmen des
Livius mit Polyb. in diesem Stücke auch bei Livius zu corrigieren ist 55, 2
Balearis locat ante signa (sc) ievem armaturam s. Madv. Praefat. der Ausgabe.
Die Stellung wie 4, 52, 6 qui Capuam habebant Cumasque. Es wäre wunderlich, wie hier die Baleares durch die Apposition als die leuis armatura bezeichnet werden, während §. 5 die leuis armatura als ein von denselben verschiedener
Truppentheil bezeichnet würde. Freilich bleibt auch bei der Aenderung an unserer
Stelle §. 5 etwas sonderbar, und sind §. 6 doch wieder die Baleares die §. 5
genannte leuis armatura.

der Manipularstellung. Die Manipelintervalle sind Pol 73, 6 ἅμα
τῷ δίξασθαι διὰ τῶν διαστημάτων τοὺς προκινδυνεύοντας καὶ
συμπισεῖν τὰ βαρέα τῶν ὅπλων ἀλλήλοις erwähnt (vgl. auch die
römische Aufstellung bei Naraggara Pol. 15, 9, 7, die dadurch von
der gewöhnlichen abweicht, dass die Manipel der Principes nicht
auf den Intervallen der Hastaten stehen, sondern die Intervalle
der Elephanten wegen durchlaufende Gassen bilden, unklar bei
Liv. 30, 33, 1 und Frontin Strat. 2, 3, 16). Nach der Anordnung
bei Becker-Marquardt III. 2, S. 255 ff., 262 f. nimmt, Legionen,
in der Stärke von 4000 Mann vorausgesetzt (s S. 26), die
Front der Legionen, wenn man die Front des Manipels zu
60' und die gleiche Ziffer für das Intervall rechnet, 4800' ein.
Rechts und links davon stehen die alae der socii wol auch hier,
wenn gleich dadurch, dass bei Liv. 56, 1 [26]) die 55, 4 erwähnten
Cenomanischen Hilfstruppen auf dem rechten Flügel stehend erscheinen, vielleicht eine Abweichung von der üblichen Weise eingetreten ist. Die 20000 Mann der Socialinfanterie (runde Zahl)
enthalten die für die zwei consularischen Heere üblichen 48 Cohorten à 420 Mann (Marquardt III. 2, S. 304). Wenn nun diese
ebenfalls in dreifacher acies stehen und zwar, da nach der Art
ihrer Zusammensetzung wol kaum die geringere Stärke der Tria-
riermanipel in ihnen nachgebildet worden ist, in gleicher Stärke,
wenn wir keine Rücksicht nehmen auf die sehr unsichere Thei-
lung der Cohorte in sechs Centurien (Marquardt a. a. O., S. 304,
Anm. 1702), ferner es wol natürlich ist, dass die Cohorten in
gleicher Tiefe mit den römischen Manipeln stehen, so hat die ala
dextra und sinistra je acht Cohorten in der Fronte mit Gliedern
zu 52 Mann. Es beträgt also die Frontlänge der Cohorte etwa
156', von acht Cohorten sammt ebenso vielen Intervallen d. i. die
Frontlänge der ala etwa 2500', beider alae gegen 5000', also ungefähr das gleiche mit der der vier Legionen. Auf jedem Flügel
stehen etwa 2000 Reiter Pol. 72, 13. War die gewöhnliche Stellung, so standen die römischen auf dem rechten, die Socialreiter
auf dem linken Flügel (vgl. Marquardt S. 331). Nach den Angaben
bei Livius 17 betrug die römische Reiterei, wenn fünf Legionen
waren, 1500, wenn vier, 1200; die bundesgenössische bei fünf
Legionen 3900, bei vier etwa 3400 Pferde. Von diesen sind jedoch

---

[26]) In Weissenborns Anm. ist übersehen, dass 5, 9 die Elephanten schon
gegen das Centrum der Römer verwendet worden waren.

viele in dem Reitertreffen am Terdoppio, s. oben S. 40, Anm. 2, gefallen (Pol. 65, 11), auch bei den Scharmützeln c. 52 wird der Verlust nicht ganz unbedeutend gewesen sein, so dass die angegebene Zahl zumal bei der Annahme von vier kämpfenden Legionen noch ziemlich hoch scheint. Stand nun die römische Reiterei auf dem rechten Flügel, so ist es erklärlich, dass wegen ihrer geringeren Stärke die Cenomanischen Hilfstruppen auf diesem aufgestellt waren, wol zwischen den Socialtruppen und den Reitern 56, 2. Es würde aber die Legionsreiterei von vier Legionen, noch zu 1000 Mann angenommen, nach den Ansätzen von Rüstow „Heerwesen und Kriegführung Cäsars" S. 68 f. der zweiten Aufl. berechnet, 30 Turmen in zwei Treffen gestellt, sammt den Intervallen eine Frontlänge von 1200′, die 3000 Socialreiter (= 90 Turmen oder 45 Doppelturmen s. Marquardt S. 305) eine Frontlänge von 3600′ haben. Nehmen wenigstens einen Theil der der römischen Reiterei fehlenden 2400′ die Cenomanen ein,[27]) so hat die Frontentwicklung der römischen Armee sicher gegen 16000′ betragen; sie hat sich also etwa von Tuna im Süden bis gegen Gragnanino im Norden ausgedehnt. Die punische Armee hat das Fussvolk, Libyer, Spanier und Gallier[28]) Polyb. 72, 8 ungefähr 20000 in einer langen Linie (doch auch mit Intervallen 73, 6) aufgestellt, die Gallier, wie es nach Livius 56, 2 scheint, in der Mitte, die tüchtigeren Libyer und Spanier auf den Flügeln, und zwar, wie aus 72, 8 und 74, 4 erhellt, die Libyer auf dem linken; an diese schloss sich die Reiterei im ganzen mehr als 10000 Mann (Pol. 72, 8); die Elephanten standen, wie La Roche richtig Polyb. 9 zu deuten scheint, vor den Intervallen zwischen den Flügeln des Fussvolks und der Reiterei.[29]) Vor der Fronte waren 8000 Balearen und Leichtbewaffnete, um die Schlacht zu eröffnen. Die Ausdehnung der Schlachtreihe mag zumal bei der bedeutenden Menge Reiterei ungefähr die gleiche mit der römischen gewesen[30]) und sich von Campremoldo di sotto im Norden bis gegen Cantaragna im Süden er-

---

[27]) Polyb. 2, 24, 8 in der Uebersicht der römischen Streitkräfte gibt das Contingent der Cenomanen und Veneter mit 20000 Mann an.
[28]) La Roche berechnet S. 208 den gallischen Zuzug auf ungefähr die Hälfte des Heeres, gegen 20000 Mann.
[29]) Liv. 55, 2 lässt sie an den äussersten Enden der Flügel aufgestellt sein.
[30]) Die Elephanten scheinen nach Polyb. 74, 2 noch den Flügeln der römischen Infanterie gegenübergestanden zu haben.

streckt haben. Das Lager Hannibals war um Campremoldo di sopra und davor das Centrum der karthagischen Schlachtlinie. Der Gang der Schlacht ist nach Polybius, dessen Darstellung in allem klar ist, folgender.

Das Gefecht eröffneten die beiderseitigen Leichtbewaffneten 73, 2 (die 8000 oben genannten carthagischen [31]) 72, 7 und die 72, 2 erwähnten 6000 römischen). Die römischen, die sich im Kampfe mit den Reitern verschossen, und deren noch vorhandene Waffen durch die Nässe weniger wirksam waren, wichen bald durch die Intervalle (die Veliten zu ihren Manipeln) zurück; da die punischen keine Gegner mehr hatten, zogen sie sich ebenfalls durch ihre Intervalle hinter die Fronte zurück. — Während die schwere Infanterie zum Kampfe kommt, hatten schon die karthagischen Reiter, vermöge ihrer Ueberzahl, und da Rosse und Reiter bei frischen Kräften waren, auf beiden Flügeln die römischen zum Weichen gebracht und zersprengt 73, 6. — Die karthagische leichte Infanterie gieng um die Flügel der ihrigen herum und fiel dem römischen Fussvolk auf beiden Seiten in die Flanken. [32]) Obgleich hiedurch schwer bedrängt liessen sich die Legionäre und die Bundesgenossen nicht abhalten, den Kampf gegen das karthagische Centrum energisch fortzusetzen 73, 7 und 8, ($\dot{\varepsilon}\pi\dot{\iota}$ $\pi o\lambda \dot{\upsilon} \nu$ $\chi\varrho\acute{o}\nu o\nu$ $\dot{\varepsilon}\mu\acute{a}\chi o\nu\tau o$ $\dot{\varepsilon}\xi\acute{a}\mu\iota\lambda\lambda o\nu$ $\pi o\iota o\acute{\upsilon}\mu\varepsilon\nu o\iota$ $\tau\grave{o}\nu$ $\varkappa\acute{\iota}\nu\delta \nu\nu o\nu$), ja nach 74, 4 scheint das Centrum schon etwas Terrain gewonnen zu haben. — Sobald auf dem linken Flügel die römische Reiterei zersprengt war, hatte sich Mago mit den seinen aus dem Hinterhalt erhoben, [33])

---

[31]) Livius erwähnt zwar die Balearen und wol auch die übrigen Leichtbewaffneten, (s. Anm. 25) lässt sie aber geradezu mit den Legionen sich in einen Kampf einlassen, dann unmittelbar auf die Flügel sich wenden und mit den Reitern zusammen den Angriff auf die römischen Reiter machen; zugleich kommen bei ihm auch noch die Elephanten ins Gefecht. Ueber die hervorragende Rolle, welche bei Livius die Elephanten spielen, und die Unmöglichkeit der Darstellung des Livius stehen gute Bemerkungen bei H. Müller a. a. O. S. 18 und 20.

[32]) Bei Livius kommen dann auch die Elephanten 55, 9, nachdem sie die Reiterei hatten zersprengen helfen, gegen das Centrum der Römer 55, 9; werden aber von den eigens dazu aufgestellten Veliten in die Flucht gejagt und vielfach verwundet.

[33]) Livius sagt 55, 9 et Mago Numidaeque simul latebras eorum inprouida praeterlata acies est, wobei man versucht sein könnte, einen auf die Stellung der Heere rechtwinkelig stehenden Bach zu suchen; also bei der im Texte vorgetragenen Ansicht rechtwinkelig in die Trebia oder Nuretta mündend. Am meisten entspricht dieser Angabe der oben S. 49 (und Anm. 23)

zog sich, während die linke Flanke der römischen Infanterie, die von Casaliggio etwa bis Costa di Casaliggio vorgerückt sein mochte, von vorne durch das karthagische Fussvolk und die Elephanten, von der Seite und wol auch theilweise im Rücken durch die Leichtbewaffneten festgehalten war, über Casaliggio gegen Gragnano zu in den Rücken des Centrums, vielleicht verstärkt durch die Reiterei, welche die auf dem linken römischen Flügel stehenden Reiter zersprengt hatte, und hieb auf die hinter der Front und die im dritten Treffen stehenden Römer ein Pol. 74, 1. — Rasch entschied sich das Geschick der Schlacht. Die beiden Flügel der römischen Infanterie, die Socialtruppen, von vorne bedrängt durch die Elephanten,[34]) wichen, und wurden von den Verfolgenden gegen den Fluss gedrängt. Polyb. 74, 2 τέλος δ' ἀμφότερα τὰ κέρατα τῶν περὶ τὸν Τιβέριον πιεζόμενα κατὰ πρόσωπον μὲν ὑπὸ τῶν θηρίων, πέριξ δὲ καὶ κατὰ τὰς ἐκ τῶν πλαγίων ἐπιφανείας ὑπὸ τῶν εὐζώνων, ἐτράπησαν καὶ συνωθοῦντο κατὰ τὸν διωγμὸν πρὸς τὸν ὑποκείμενον ποταμόν.[35]) Vom römischen Centrum, also den Legionen, wurden die in der Reserve stehenden, also die Triarier und die Leichtbewaffneten und wol auch Reiter, die sich dahin zurückgezogen, von den Leuten Magos niedergemetzelt, das erste Treffen, die Hastatenmanipel (und wol auch das zweite, die Manipel der Principes) stürmten, von hinten schon gedrängt, mit aller Wucht gegen die karthagische Linie, sprengten die ihnen gegenüberstehenden Gallier und einen Theil der Libyer,[36])

---

beschriebene Bach; höher in die Berge hinauf verbietet schon Pol. 71, 1 zu gehen. Von der Hinterhaltstelle nördlich von Borgomasca konnte Mago fast in gerader Richtung marschieren, um bei Gragnano das römische Centrum im Rücken fassen zu können. Die dazu nötige Zeit von etwa ½ Stunde war nach den aus Polyb. 73, 8 angeführten Worten vorhanden. Ueber die Auffassung von La Roche, welcher die Heere in west-östlicher Richtung die Römer nach Norden, die Karthager nach Süden schauend, kämpfen lässt, s. S. 62.

[34]) Bei Livius werden die im Centrum geworfenen Elephanten 55, 11 auf dem linken Flügel des karthagischen Heeres gegen die auf dem rechten römischen stehenden Galli auxiliares 56, 1 getrieben und rennen sie augenblicklich über den Haufen.

[35]) Livius 56, 2 cum iam in orbem pugnarent ist unrichtig.

[36]) Livius 56, 2 media Afrorum acie, quae Gallicis auxiliis firmata erat, cum ingenti caede hostium perrupere. Wenn die Gallier das Centrum der karthagischen Infanterie bildeten, an die sich als Flügel auf der einen Seite die Spanier, auf der andern (wol der linken Polyb. 74, 4) die Libyer anschlossen, wofür auch die Anordnung 72, 8 Ἴβηρας καὶ Κελτοὺς καὶ Λίβυας spricht, so ist der Anstoss, den Madvig an quae nahm, wofür er qua schreibt, ungegründet.

und standen nun 10000 an Zahl im Rücken der karthagischen Schlachtreihe Pol. 74, 3 und 4, unter ihnen wol auch Sempronius 74, 2, etwa in der Nähe von Campremoldo di sotto. Als sie die Lage der Dinge überblickten, dass ihre Flügel unrettbar verloren seien, sie mitten durch die Feinde und besonders die sehr zahlreiche Reiterei den Rückzug in ihr Lager ohne gewisse Vernichtung besonders beim Flussübergang nicht wagen könnten, marschierten sie in geschlossenen Gliedern insgesammt zuerst hinter dem punischen linken Flügel, der, wie es scheint, bei ihrem Durchbruch auch theilweise erschüttert worden war Pol. 74, 4 gegen Norden, dann ostwärts gegen Placentia Pol. 74, 5 und 6 τηροῦντες δὲ τὰς τάξεις ἀθρόοι μετ' ἀσφαλείας ἀπεχώρησαν εἰς Πλακεντίαν, ὄντες οὐκ ἐλάττους μυρίων. Da auch die Karthager durch den mehrstündigen Kampf und den mit Schneegestöber untermischten ununterbrochenen Regen aufs tiefste erschöpft waren 74, 11, zudem wol noch mit der Aufreibung der Flügel beschäftigt, gelangten sie unangefochten an einen nördlichen Punct der Trebia. Ein Theil des Fussvolkes (der Socialtruppen des rechten Flügels) und der grösste Theil der Reiterei rettete sich ebenfalls nordwärts, schloss sich an die 10000 an und gelangte so mit ihnen an die Trebia; der grösste Theil des Fussvolkes (Pol. 74, 7, also wol vor allem der linke Flügel) gieng beim Versuch über die Trebia ins Lager zu entkommen zu Grunde. Nur die Erschöpfung auch der Punier rettete wenigstens die, welche über die Trebia gekommen waren. Diese sammt der zurückgebliebenen Lagerwache und den Kranken führte Scipio mit Aufgebung des Lagers nach Placentia. Polybius erzählt dies letztere nicht im Zusammenhange der Schlacht, setzt es aber 75, 3 als geschehen voraus. Die 10000 und die sich an sie angeschlossen, unter ihnen wol auch Sempronius, waren unbehelligt über die Trebia gesetzt, und nach Placentia gelangt. Polybius erwähnt den Uebergang nicht, so wenig als den Rückzug des Scipio, hierin dem Caesar ähnlich, dass er Flussübergänge nur dort erwähnt, wo sie im Angesicht der Feinde stattfanden oder von besonderer Schwierigkeit durch die Natur oder Grösse der Flüsse waren. Ueber den abweichenden Bericht des Livius im folgenden.

---

firmare hat eine Art effectiven Objectes „durch die dort stehenden Gallier ein festes Centrum bilden" wie uiam munire, pontem iungere, lintres cauare 21, 26, 8; orbem colligere 2, 50, 7. So steht es auch 21, 46, 5. 22, 46, 3. 23, 29, 4 u. o.

Im vorigen ist die Darstellung des Polybius wiedergegeben, die im ganzen wie im einzelnen vollkommen zusammenhängend und klar ist. Doch hat man auch in ihm eine Bestätigung für eine von Livius ausgehende vielbehandelte Ansicht zu finden gemeint. Livius sagt nemlich 56, 3 von den 10000, die sich durch das karthagische Heer durchgeschlagen haben, media Afrorum acie, quae Gallicis auxiliis firmata erat,... perrupere et... Placentiam recto itinere perrexere. Darin hat man gefunden, dass die nach Placentia zurückkehrenden nicht über die Trebia gegangen seien, also die Schlacht auf dem rechten Ufer geschlagen worden sei. Daraus ergibt sich als weitere Consequenz, dass das zweite römische Lager auf dem linken, das zweite karthagische auf dem rechten, das erste römische auf dem rechten gestanden habe. Man nimmt ferner an, das erste karthagische sei auf dem linken gewesen, obgleich Livius von einer Uebersetzung der Trebia durch Hannibal vom linken auf das rechte Ufer nichts erwähnt. Und am Schlusse muss wol Livius, wenn er über den Lauf der Trebia überhaupt eine richtige Vorstellung gehabt hat, sich die Sache so vorgestellt haben. Denn er berichtet 56, 8 und 9, Scipio habe in der folgenden Nacht die Lagerbesatzung und die noch übrigen grösstentheils verwundeten Soldaten auf Flössen über die Trebia gesetzt[27]) und sei offenbar zwischen der Trebia und dem karthagischen Lager (quietis Poenis §. 9) nach Placentia marschiert. Hierin ist nahezu alles auffällig. Woher kommen auf einmal die Flösse, die man doch offenbar beim Uebersetzen des gesammten Heeres nicht gehabt oder nicht verwendet hat? Im Lager werden als Besatzung wol kaum über 2000 Mann geblieben sein, von denen etwa 35000, die in der Schlacht kämpften, sind 10000 auf einem andern Wege nach Placentia gezogen, und noch eine ziemliche Zahl hat sich ihnen nach und nach angeschlossen, so dass, da auch der grösste Theil der Reiterei dazu kam Polyb. 74, 8, schliesslich wol an 15000 mögen gewesen sein; da die Schlacht nach allem sehr blutig war, mag die Zahl der Getödteten wol mit 10000 nicht zu hoch ange-

---

[27]) cum praesidium castrorum et quod relicum (sauciorum) ex magna parte militum erat ratibus Trebiam traicerent, aut nihil sensere obstrepente pluvia, aut... sentire se dissimularunt, wo sauciorum eine sehr unsichere Ergänzung Heerwegens ist, dem ich den früher von Weissenborn eingeschlagenen Weg: quod reliquum ex magna strage militum erat vorziehen möchte.

nommen sein. [38]) Scipio hätte somit mit etwa 12000, von denen 10000 entweder verwundet oder aufs äusserste erschöpft waren, einen Marsch angetreten, der sie fast sicher zur gänzlichen Vernichtung führen musste. Mit Recht macht Binder [39]) Jahrb. f. Phil. und Päd. LXXI. S. 736 geltend, dass ein solches Unternehmen dem seit seiner Niederlage sehr ängstlichen Scipio nicht zuzutrauen sei. H. Müller S. 30 und La Roche 210 f. haben Recht, wenn sie eine der bei Livius nicht ungewöhnlichen Flüchtigkeiten und Unklarheiten annehmen; wenn sich auch noch ein anderer Grund denken lässt. Wie Livius oder sein annalistischer Gewährsmann in der Schlacht hauptsächlich durch die ganz wunderbare Thätigkeit der Elephanten — wahrer Ueberalluudnirgends — die Niederlage der Römer zu erklären sucht, um nur den Ruhm der römischen Tapferkeit zu retten, so sollte dieser Rückzug Zeugniss geben, dass bloss der Mangel an Klugheit und Besonnenheit von Seite des Sempronius die Ursache der Niederlage gewesen. Vielleicht ist hierin auch der Einfluss der Familientradition der Scipionen zu erkennen.

Was nun den Rückzug der 10000 betrifft, so hat man sich vor allem auf den Ausdruck Liv. 56, 3 Placentiam recto itinere perrexere berufen, so wie darauf, dass kein Flussübergang derselben — weder bei Livius noch bei Polybius — erwähnt sei. Ferner legt Peter Studien S. 36 ein Gewicht darauf, dass Polyb. 74, 5 sagt τὸ μὲν ἐπιβοηθεῖν τούτοις (den Flügeln des römischen Fussvolkes) ἡ πάλιν εἰς τὴν ἑαυτῶν ἀπιέναι παρεμβολὴν ἀπέγνωσαν ὑφορώμενοι μὲν τὸ πλῆθος τῶν ἱππέων, κωλυόμενοι δὲ διὰ τὸν ποταμὸν καὶ τὴν ἐπιφοράν καὶ συστροφὴν τοῦ κατὰ κεφαλὴν ὄμβρου, τηροῦντες δὲ τὰς τάξεις ἀθρόοι μετ' ἀσφαλείας ἀπεχώρησαν εἰς Πλακεντίαν. Allerdings hatten die 10000 ebenso den Regensturm auszuhalten, wenn sie nach Nordost sich wendend etwa den Raum von Campremoldo di sotto bis zur jetzigen Trebiabrücke bei Castel di Roco ungefähr eine Meile weit zu marschieren hatten, als wenn sie unmittelbar in gerader Richtung auf den Fluss zu marschirt und ihn übersetzt hätten nicht ganz $^1/_2$ Meile von dem Punct, auf den sie beim Durchbruch durch die karthagische Linie gekommen waren. Aber es machte einen sehr grossen Unterschied ob sie, wenn auch im Regen, unbelästigt vom Feinde marschieren

---

[38]) Noch höher schlägt La Roche S. 220 den Verlust an, indem er ihn auf ¹/₃ des Heeres berechnet.

[39]) Vgl. auch Müller a. a. O. S. 31.

konnten, oder ob sie im Regenschauer Schritt für Schritt kämpfend, während sie oft nicht einmal einen Ueberblick über die nächst vor ihnen liegenden Strecken gehabt hätten, und statt sich durchzuwinden in Gefahr auf feindliche Massen zu stossen, sich durch die feindlichen Streitkräfte, die sich nach Pol. 74, 8 der Trebia zugewendet hatten, und durch die wirren Haufen ihrer fliehenden Flügel einen Weg bahnen mussten. Dazu wäre der Uebergang, der für die gegen die Trebia gejagten verderblich genug war, für 10000 neue noch viel schwieriger gewesen und würde sie den Angriffen der punischen Reiterei (Pol. 74, 5), die nach Pol. 73, 6 mit der Niedermetzelung der Flügel beschäftigt sein musste, blossgestellt haben. Bei dem Abzug nach Norden hatten sie, da das Gemetzel an der Trebia die Punier in Anspruch nahm, keine Angriffe zu besorgen, wie ja auch selbst die Vertheidiger des auf dem rechten Trebiaufers liegenden Schlachtfeldes annehmen müssen, um die Thatsache zu erklären, dass nach ihrer Annahme die 10000 unangegriffen vom Schlachtfeld bis nach Placentia kamen. Was den Livianischen Ausdruck recto itinere betrifft, so ist derselbe ein relativer. Standen die 10000 im Rücken der punischen Armee etwa bei Campremoldo di sotto, so machten sie, als ihr Beschluss gefasst war, mit einer Wendung halbrechts [40]) und zogen in der geraden Richtung gegen Placentia nordostwärts.

Was nun den Uebergang über die Trebia betrifft, so hat Mommsen Röm. Gesch. I. 599 angenommen, dass bei Placentia eine Brücke über die Trebia war, [41]) auf der die Fliehenden auf das jenseitige Ufer kamen, Müller denkt S. 22 an das Emporium (Liv. 21, 57, 5 Appian Hann. 7), das wenigstens Weissenborn für den befestigten Pohafen von Placentia in der Nähe der Trebiamündung erklärt. Noch wahrscheinlicher ist folgende Erklärung. Von Ariminum führte schon vor der Chaussierung der uia Aemilia 187 eine Strasse in der Richtung über Felsina (Bononia), Mutina, Tannetum gegen Placentia an den Po, [42]) wie auch Nissen Rheinisches

---

[40]) Ebenso hätten sie, wenn die Schlacht auf dem rechten Ufer geschlagen worden wäre, eine Schwenkung machen müssen (halblinks), um die Richtung nach Placentia zu gewinnen. Anders ist die Sache bei der Anschauung, die La Roche über das Schlachtfeld hat s. im folgenden S. 62.

[41]) Der jetzige Hauptlauf der Trebia liegt nicht ganz $^1/_2$ Meile von Piacenza entfernt, doch hat dieselbe ein weites Inundationsgebiet.

[42]) Dass auch Placentia schon vor der Colonisierung bestand, dafür scheint das Vorgehen des C. Flaminius im Feldzug gegen die Insubrer 223, Polyb. 2, 32, 1 zu sprechen. Es war wol dort auch, wie in Mutina (s. S. 19) eine Be-

Museum 1867, S. 566 annimmt, auf der auch die Römer, seit sie in diesen Gegenden sich festsetzten, zu ziehen pflegten, vgl. das über Sempronius von Pol. 68, 14, Livius 51, 7 berichtete. Eine Fortsetzung derselben ist sicher auch nach Westen über Clastidium, wo die Römer schon 222 sich festgesetzt hatten und von da ab bis 218 (Liv. 21, 48, 9) wol ständig geblieben waren, nach Dertona und Genua gegangen, vgl. Strabo 5, 11. Waren aber zu Placentia und Clastidium oder auch nur in letzterem allein schon römische Posten, so musste schon ihrer Sicherheit willen eine Verbindung mit den nächsten römischen Festungen (für Clastidium also Placentia oder Mutina) hergestellt sein. Bestand aber eine solche Strasse, so war es wol selbstverständlich, dass die zu überschreitenden Flüsse überbrückt waren, vor allem der Tidone und die noch bedeutendere Trebia. Stand aber eine Brücke, so ist es hier nicht anders, als in dem oben S. 40 besprochene, Fall, dass Scipios Uebergang über den Tessin nicht erwähnt ist, weil er nicht unter feindlicher Verfolgung vor sich gieng.

Es erübrigt noch die weiteren Gründe für den dargelegten Gang der Ereignisse und die Schwierigkeiten, welche die entgegengesetzte Ansicht, nach welcher das zweite karthagische Lager und das Schlachtfeld auf dem rechten, das zweite römische Lager auf dem linken Ufer gewesen sein soll, hat, darzulegen.

Wir haben oben S. 42 angenommen, dass Scipios erstes Lager noch auf dem linken Ufer der Trebia gestanden habe. Entspricht unsere Annahme in Bezug auf die Brücke über die Trebia der Wirklichkeit, so konnte er dies ungefährdet thun, und er hatte Gründe es zu thun, um die Treue der Anaren möglichst lange zu wahren und sie zu schützen, dann aber, um Hannibal zu hindern, Clastidium anzugreifen. Es ist bezeichnend, dass Clastidium sogleich nach Scipios Rückgang über die Trebia fällt, wie es umgekehrt unbegreiflich wäre, wie Hannibal, wenn er auf dem rechten Ufer gestanden, Scipio auf dem linken, es hätte wagen können, diesen Ort anzugreifen, ausser mit seiner ganzen Macht, wo er dann in der Nähe der Römer hätte über den Fluss setzen und an ihrem Lager hätte vorbeimarschieren müssen; vgl. Müller a. a.

---

satzung. Auch dass der Feldzug des Jahres 222 zunächst auf Acerrae in der Nähe von Cremona (Strabo 58, 1) gerichtet, Polyb. 2, 34, 4 und auch Clastidium besetzt ist §. 5, scheint darauf hinzudeuten. Darauf führt endlich auch das Vorhandensein des Emporiums Liv. 57, 6 wie auch das des jedenfalls in der Nähe von Placentia zu suchenden Victumuiae 57, 9.

O. S. 27 ff. Hannibal verpflegte sich aus Clastidium Pol. 69, 2, Liv. 48, 9. Die Unmöglichkeit, es zu thun, wenn Scipio mit seinem Heere zwischen ihm und seinen Magazinen stand, haben Müller a. a. O. S. 28 und Rospatt „Untersuchungen" S. 15 mit Recht hervorgehoben. Ferner, und das hätte wenigstens diejenigen, welche an dem Uebergang der 10000 Anstoss nehmen, beachten sollen, wird nirgends erwähnt, dass Hannibal über die Trebia gegangen sei.

Durch das Entweichen der gallischen Hilfstruppen besorgt gemacht und aus Misstrauen gegen die umwohnenden Gallier Pol. 67, 8, Liv. 48, 4 geht Scipio über die Trebia. Es wäre doch verkehrt, wenn er von der Festung Placentia, von der Verbindung mit Rom durch die Strasse nach Ariminum sich freiwillig abgeschnitten und vor allem die Vereinigung mit Sempronius, dessen nahe Ankunft er ja wusste Liv. 48, 7, sich erschwert oder unmöglich gemacht hätte. Einige andere Gründe sind schon im vorigen angeführt, so der vom karthagischen Plünderungszug gegen die Gallier S. 47, Anm. 21 und von dem Fehlen eines entsprechenden Baches auf dem rechten Ufer hergenommene, s. S. 46 u. 49 Anm. 23. Kaum ernstlich zu erwähnen ist der von Voigt S. 10 für das Lager des Hannibals auf dem rechten Ufer angeführte Grund, dass auf das linke Ufer die Bojer mit ihren gefangenen Triumviren nicht hätten zu Hannibal kommen können (Polybius 67, 6); als ob sie nicht durch einen nicht einmal grossen Umweg durch die im Süden liegenden Berge hätten gehen können.

Dagegen hatte Scipio starke Gründe, den Fluss so zwischen sich und die Karthager zu bringen, dass er am rechten Ufer lagerte, also, wenn er vom Anfang an auf demselben gewesen wäre, es nicht zu verlassen, wenn er auf dem linken war, auf das andere hinüberzugehen. Erstens, um durch den Fluss sich gegen plötzliche Angriffe der Karthager zu decken und auch aus einer Bevölkerung, der er misstraute, sich zu entfernen, während die auf dem rechten Ufer, welche zwischen ihm und der Festung Placentia sich befand, kaum Gelüste zum Abfall finden konnte. Dann musste er vor allem bedacht sein, die Verbindung mit Placentia, sowie die mit Ariminum und Rom sich zu sichern, die ihm, wenn Hannibal auf dem rechten Ufer gestanden wäre, schon durch die Notwendigkeit über den Fluss zu gehen hätte sehr erschwert oder geradezu abgesperrt werden können. Das wichtigste war aber für Scipio, sich die Vereinigung mit Sempronius zu sichern, ja es scheint geradezu das der Hauptzweck der ganzen Bewegung gewesen zu sein. Darum scheint er auch nicht nach Placentia selbst zurückgegangen zu sein, um nicht etwa eingeschlossen zu werden, sondern sich die Möglichkeit zu wahren, auch wenn Hannibal, um ihn anzugreifen, aufs rechte Ufer übergienge, **sich zu dem im Anmarsch begriffenen Heere des Sempronius zurückzuziehen**. Ausserdem mochte ihn auch die Sorge für eine ungehinderte Verproviantierung — in Placentia konnte er so eingeschlossen werden, dass er bloss auf die Zufuhr zu Schiffe wäre angewiesen gewesen, wie es nach der Schlacht wirklich eintraf, Polyb. 75, 3 — daran hindern.

Es ist in der obigen Darstellung als das Schlachtfeld die Ebene von Campremoldo bestimmt worden, und zwar so, dass das karthagische Lager bei Campremoldo di sopra gesetzt, die Schlachtreihe der Punier zwischen Campremoldo di sotto und Cantaragna sich ausdehnend mit der Fronte gegen Osten gewendet angenommen wurde. Die Römer standen von Tuna im Süden bis gegen Gragnanino im Norden, die Trebia im Rücken, die Fronte gegen Westen, s. S. 53. Anders denkt sich La Roche, mit dem ich in der Vertheilung der Lager auf die beiden Ufer übereinstimme, die Sache. Nach ihm stand die punische Armee, von Rottofreno im Westen bis St. Nicolo an der Trebia **Front gegen Süden**, ungefähr auf dem Boden der jetzigen Strasse. Den Hinterhalt denkt er sich bei Gragnanino gelegt. Die römischen Truppen mussten also über den Fluss setzen, in der Richtung nach Westen, jenseits des Flusses sich mittelst einer Schwenkung Front nach Norden aufstellen [43]) und dann noch einen ziemlich langen Weg machen, bis sie dem feindlichen Heere gegenüber kamen. Hiegegen sprechen sowol allgemeine Gründe als auch bestimmte Stellen des Polybius. La Roche ist offenbar dadurch, dass er die Loggia für den Bach hielt, zu seiner Aufstellung gekommen. Wenn er für dieselbe anführt, dass südlicher bei Campremoldo ein sehr entwickeltes Bachsystem sei, das die Schlacht erschwert hätte, von der Mündung des Loggia bei Rottofreno an keinerlei Wasserlauf mehr sich finde, so zeigt die mir vorliegende Karte [44]) letzteres nicht, sondern im Osten und Norden von Rottofreno ist noch manches Bächlein angedeutet, die sämmtliche, wie es scheint, aus der Loggia kommen, wie auch auf der Ebene von Campre-

---

[43]) S. 207 „so wie, um nicht unmittelbar den Fluss im Rücken kämpfen zu müssen" passt nicht zu der folgenden Vorstellung.

[44]) Ihr Massstab ist $1:84600$ also $1'' = 1200'$.

moldo sämmtliche Wasserläufe aus zwei Hauptgewässern, der Loggia im Osten vom Ostabhang des letzten Höhenzuges (in der Richtung Fiorentino, Tuna, Casaliggio, Gragnano, Gragnanino) und dem von mir als Ort des Hinterhaltes angenommenen grösseren Bachlauf aus dem Westabhang der Höhen bei Borgomasca, dessen Hauptrichtung unterhalb Borgomasca eine nordwestliche wird und bei Campremoldo di sopra in den Nurettabach mündet, während vom Eintritt dieser Biegung d. h. mit dem Austritt in die Ebene sich mancherlei Wasserläufe absondern, deren nördlichster bei Centora nicht ganz $^1/_2$ Stunde südlich von der Mündung des Loggiabaches in die Nuretta (Tidone vecchio) fliesst. Mögen diese Bächlein durch Natur [45]) oder Kunst abgeleitet sein, mögen sie im Alterthum vorhanden gewesen sein oder nicht, jedenfalls ist durch sie der Schlacht kein Hindernis in den Weg gelegt worden. — La Roche nimmt das Lager Scipios bei Gossolengo an „um auf den Höhen auf dessen rechtem Ufer, vielleicht bei Valera und Gossolengo... Stellung zu nehmen." Weder die österr. Generalstabskarte, (Anm. 44) noch das Blatt VIII des Atlas der Alpenländer von J. G. Mayr (Massstab 1:450000) das eher die Ausläufer des Apennins zu weit nach Norden verlaufen lässt, zeigen bei Gossolengo Höhen,[46]) im Gegentheil reicht auf beiden bis gegen Rivergaro auf dem rechten Trebiaufer die sich verengende Ebene weiter südwärts

---

[45]) Der Umstand, dass aus dem Bach von Borgomasca unmittelbar bei seinem Austritt in die Ebene sich ein Lauf absondert, spricht für einen natürlichen Grund, dagegen weist im weiteren Lauf der beiden Bäche die Karte Rinnsale auf, die wol zu Culturzwecken abgeleitet sind.

[46]) Ein weiterer Grund das Schlachtfeld und das punische Lager südlicher zu suchen, ist S. 46, vgl. auch Anm. 21, besprochen. Ferner erklärt sich so der Umstand, dass die 10000 nicht verfolgt werden. Nachdem sie das punische Fussvolk durchbrochen, konnten sie eine zeitlang ungehindert marschieren, da die andern Truppen, der linke punische Flügel vor allem, mitten im Kampf verwickelt, und wol auch die Reiter noch auf den Flügeln der Römer festgehalten waren. Eben darauf führt auch der Ausdruck des Polyb., von denen, welche sich nach und nach an die 10000 anschliessen 74, 8 οἱ δὲ διαφυγόντες τῶν πεζῶν καὶ τὸ πλεῖστον μέρος τῶν ἱππέων πρὸς τὸ εἰρημένον σύστημα ποιούμενοι τὴν ἀποχώρησιν ἐκομίσθησαν ἅμα τούτοις εἰς Πλακεντίαν. Dieselbe Vorstellung ist, wenn auch das wenig beweist, bei Liv. 27, 29, 14 sed etiam quam ipse frustra eandem illam coloniam ab Trebia uictor regressus temptasset, wo mir Weissenborn mit Unrecht an den Angriff auf das Emporium 24, 57 oder die Schlacht vor der Stadt 21, 59 zu denken scheint. Es ist dort wol eine Darstellung befolgt, die den Hannibal unmittelbar nach der Schlacht an der Trebia einen Sturm auf Placentia versuchen liess.

als auf dem linken Ufer; s. oben S. 44 f., Anm. 13. War ferner das römische Lager um Gossolengo, so setzten die Römer entweder an einer Stelle über die Trebia, was unverhältnismässig viel Zeit beansprucht hätte und wobei es auffällig gewesen wäre, wenn Hannibal, dessen Reiter ja fortwährend Fühlung mit dem Feinde hatten, nicht die einzelnen bereits übergesetzten Corps angegriffen hätte; oder sie setzten in weiterer Ausdehnung etwa in dem Raum zwischen Gossolengo und Valera über, dann musste die ganze Armee, die mit der Fronte gegen Westen stand, sich so schwenken, dass die Fronte nach Norden, der linke Flügel also an die Nuretta kam. Ob ein solches Manöver einem schon bereiten Feind gegenüber gefahrlos sei, mag dahin gestellt bleiben: sicherlich aber hätten die Römer bei demselben Hannibals Hinterhalt, wenn er dort gewesen wäre, wo La Roche ihn hinsetzt, bei Gragnanino, aufheben müssen, da die Spitze ihres linken Flügels wol zwischen Gragnanino und dem südlich davon gelegenen Gragnano den Loggiabach hätte überschreiten müssen. — Bei der von La Roche angenommenen Stellung hätte, da die römische Front nach dem S. 53 entwickelten den Raum zwischen Trebia und Tidone vecchio (Nuretta) fast ganz hätte ausfüllen müssen, der rechte Flügel der Römer sich jedenfalls an die Trebia gelehnt, so dass eine Umgehung wenigstens dieses durch die Leichtbewaffneten des punischen Heeres Polyb. 73, 7. 74, 2. Liv. 55, 9 wol auch, nachdem die Reiterei geworfen war, hätte abgewehrt werden können. Ferner, dies selbst zugegeben, so wäre, nachdem die Schlacht verloren war, die Flucht über die Trebia den beiden Flügeln — die Hauptmasse das Centrum schlug sich durch — so gut wie unmöglich gewesen. Der rechte Flügel war dann umgangen, dadurch, dass die feindlichen Leichtbewaffneten sich zwischen die Römer und den Fluss gezogen hatten und ihnen auch in den Rücken gekommen waren Pol. 74, 2, der linke war in ähnlicher Lage und war von der Trebia noch abgesperrt durch das Corps des Mago, welches aus dem Hinterhalt hervorgebrochen und auf die hinteren Glieder des Centrums einzuhauen begonnen hatte. Und doch macht der Bericht des Polybius 74, 9, Liv. 56, 5 den Eindruck, dass nicht eben eine geringe Anzahl so entkommen sei (s. oben S. 58). — Aber hiebei kommt noch etwas anderes zu betrachten und dieser Punkt allein schon ist entscheidend dafür, dass die von La Roche angenommene Schlachtstellung unmöglich ist. Polyb. 74, 1 beschreibt den Angriff des Corps unter Mago im Rücken des Centrums. Er fährt so fort: τέλος δ' ἀμφότερα (τὰ) κέρατα τῶν περὶ Τιβέριον πιεζόμενα κατὰ πρόσωπον μὲν ὑπὸ τῶν θηρίων, πέριξ δὲ καὶ κατὰ τὰς ἐκ τῶν πλαγίων ἐπιφανείας ὑπὸ τῶν εὐζώνων, ἐτράπησαν καὶ συνωθοῦντο πρὸς τὸν ὑποκείμενον ποταμόν. Schon beim rechten Flügel wäre die Richtung eine andere, wie kann aber der linke, der auf der entgegengesetzten Seite der Ebene steht, den Fluss Trebia an ihm liegend (subiectum mit dem Nebensinn des tieferen) haben? Ebenso wenig wirkte der Druck auf ihn in östlicher Richtung, sondern in der nach Süden, und wenn die Fliehenden mit einer Wendung halblinks die Richtung nach der Trebia eingeschlagen hätten, wären sie zuerst auf die Leute des Mago und endlich in das Gemetzel, das im rechten Flügel hart am Flusse angerichtet wurde, geraten. Für den immerhin nicht unbedeutenden Raum, den der römische linke Flügel zu durchmessen hätte, würde der Ausdruck συνωθοῦντο unpassend sein, wofür man διώκειν o. ä. erwartete. Diese Stelle, sowie §. 7 τῶν δὲ λοιπῶν (ausser den durchgebrochenen) οἱ μὲν πλεῖστοι περὶ τὸν ποταμὸν διεφθάρησαν ὑπὸ τῶν τε θηρίων καὶ τῶν ἱππέων lassen sich nur erklären, wenn die Front der Römer gegen Westen gerichtet war, die Trebia nicht besonders weit entfernt in ihrem Rücken. Auf dasselbe führt auch §. 9 τὸ δὲ τῶν Καρχηδονίων στρατόπεδον ἕως τοῦ ποταμοῦ καταδιώξαν τοὺς πολεμίους ... ἐπανῆλθε πάλιν εἰς τὴν παρεμβολήν.

Als Resultate ergeben sich also folgende, dass die Schlacht an der Trebia auf dem linken Ufer derselben, auf dem Campremoldo, an dem auch die Tradition haftet, geschlagen worden und dass die Stellung der Heere so gewesen, dass die Front der Römer nach Westen schaut mit der Trebia im Rücken, das karthagische Heer Front gegen Osten, die Nuretta im Rücken gehabt habe; dass ferner das zweite römische Lager auf dem rechten, das zweite karthagische auf dem linken, das erste römische auf dem linken Ufer der Trebia gewesen sei.

Schulnachrichten.

I. Lehrkörper.

Herr Ph. Dr. Heinrich **Mittels**, Direktor, lehrte Physik in der 8. Klasse.
" Ph. Dr. Hermann **Suttner**, Professor, immatrikul. Mitglied der philosoph. Fakultät an der Karl-Ferdinands-Universität in Prag, emeritierter und für das Jahr 1871—72 erwählter Dekan und d. Z. Notar des philosoph. Doktoren-Kollegiums an der k. k. Wiener Universität, Mitglied der k. k. geograph. Gesellschaft, Vorstand der 5. Klasse, lehrte philosophische Propädeutik in der 7. und 8., Deutsch in der 5., 6., 7. und 8. Klasse.
" Ph. Dr. Ignaz **Winter**, Professor, Vorstand der 6. Klasse, lehrte Latein in der 6., Griechisch in der 5. und 7. Klasse.
" Johann **Ptaschnik**, Professor, emerit. Mitglied des vorbestandenen k. k. Unterrichtsrathes, Vorstand der 2. Klasse, lehrte Latein in der 2., Geschichte und Geographie in der 3. und 6. Klasse.
" U. J. und Ph. Dr. Valentin **Puntschart**, Professor, lehrte Latein in der 5., Griechisch in der 6. und 8. Klasse.
" Karl B. **Heller**, Professor, Besitzer der k. k. goldenen Medaille für Wissenschaft und Kunst, Ritter des grossherzoglich Toskana'schen Civilverdienstordens, lehrte Naturwissenschaften in der 2., 3., 4., 5. und 6. Klasse, Mathematik in der 2. Kl.
" Heinrich **Lewinsky**, Weltpriester, Professor, Vorstand der 8. Klasse, lehrte Geschichte und Geographie in der 4., 5., 7. und 8., Deutsch in der 4. Klasse.
" Josef **Kleibl**, Professor, Vorstand der 4. Klasse, lehrte Latein in der 4. und 7., Griechisch in der 4. Klasse.
" Ph. Dr. Jakob **Rumpf**, Professor, Vorstand der 7. Klasse, lehrte Mathematik in der 3., 7., 8., Physik in der 7. Klasse.
" Leopold **Vielhaber**, Professor, Vorstand der 3. Klasse, lehrte Latein in der 3. und 8., Griechisch in der 3. Klasse.

Herr Eduard **Hermann**, Professor, Mitglied des Ortsschulrathes im IV. Bezirke Wiens, Vorstand der 1. Klasse, lehrte Latein und Deutsch in der 1. Klasse.

„ Th. Dr. Johann **Leinkauf**, Weltpriester, Professor, lehrte die Religionslehre am ganzen Gymnasium.

„ Mathias **Treichl**, Gymnasiallehrer extra statum, lehrte Mathematik in der 4. Klasse und besorgte den Unterricht in der Vorbereitungsklasse u. A.

„ Franz **Then**, Präfekt an der k. k. Theres. Akademie, lehrte Mathematik und Naturgeschichte in der 1. Klasse.

„ Johann **Schwarz**, Präfekt an der k. k. Theres. Akademie, lehrte Deutsch, Geschichte und Geographie in der 2. Klasse.

„ Josef **Ortmayr**, Präfekt an der k. k. Theres. Akademie, lehrte Mathematik in der 6. Klasse.

„ Ph. Dr. Theodor **Cicálek**, Präfekt an der k. k. Theres. Akademie, lehrte Deutsch in der 3. Klasse (im Probejahre).

„ Wenzel **Koutný**, Weltpriester, Präfekt an der k. k. Theres. Akademie, lehrte Geographie in der 1. Klasse (im Probejahre).

„ Max **Borowsky**, Präfekt an der k. k. Theres. Akademie, lehrte Mathematik in der 5. Klasse (im Probejahre).

Die Exhorten für die Schüler der Vorbereitungsklasse und der 1., 2. und 3. Gymnasialklasse wurden von dem hochw. Herrn Präfekten Johann **Jelenc**, jene für die Schüler der übrigen Klassen von dem hochw. Herrn Katecheten und Professor Dr. Johann **Leinkauf** abgehalten.

Den Unterricht in der Vorbereitungsklasse o. A. besorgte der akademische Präfekt Herr Johann **Tschol**, den Religionsunterricht ertheilte in beiden Abtheilungen der Vorbereitungsklasse der hochwürdige Katechet und akademische Präfekt Herr Johann **Jelenc**.

II. Ausserordentliche Gegenstände.

1. Die französische Sprache (für alle akademischen Zöglinge obligat) wurde gelehrt in der 1., 2. und 3. Klasse vom Herrn J. de **Bée**, in der 4., 5. und 6. Klasse vom Herrn F. **Collin**, in der 7. und 8. Klasse vom Herrn J. **Gischig**.

2. Die italienische Sprache wurde bis Neujahr gelehrt vom Herrn F. **Benetelli** und nach dessen Erkrankung und Ableben vom Herrn Professor Dr. **Suttner** in zwei Abtheilungen.

3. Die englische Sprache lehrte Herr J. **Högel** in zwei Abtheilungen.
4. Die böhmische Sprache lehrte der akademische Präfekt Herr Wenzel **Koutný** in zwei Abtheilungen.
5. Die ungarische Sprache lehrte der hochw. Herr E. **Péham** in fünf Abtheilungen.
6. Die ungarische Geschichte und Geographie (obligat für alle kön. ungarischen Stiftlinge der 4. und 8. Gymnasialklasse) lehrte der hochw. Herr Präfekt L. **Toldy** in zwei Abtheilungen.
7. Die polnische Sprache lehrte Herr M. **Kawecki**.
8. Die kroatische Sprache lehrte Herr J. **Kostrenčić**.
9. Die rumänische Sprache lehrte Herr B. **Grigoroviza**.
10. Die Stenographie lehrte Herr K. **Faulmann**.
11. Der Unterricht im Zeichnen wurde in sechs Abtheilungen für die akademischen Zöglinge von den Herren J. **Kriehuber** und K. **Madjera** ertheilt und von letzterem auch ein separater Lehrkurs für externe Gymnasialschüler abgehalten.
12. Der Gesangsunterricht wurde vom Herrn J. B. **Ziegler** ertheilt.
13. Den Tanzunterricht ertheilte der k. k. Hoftanzlehrer Herr J. **Raab**.
14. Den Turnunterricht sowohl für akademische Zöglinge als auch separat für externe Gymnasialschüler ertheilte Herr J. **Hoffer**.
15. Den Unterricht im Fechten und Schwimmen ertheilte Herr F. **Eisenberg**, den Unterricht im Exercieren sowie den Fechtunterricht in der Juristen-Abtheilung der Akademie Herr K. **Preschel**.
16. Das Reiten lehrte Herr W. **Buchwald**.
17. Für den Religionsunterricht der griechisch-katholischen, griechisch-orientalischen und evangelischen Zöglinge sind besondere Religionslehrer bestellt. An dem Unterrichte nehmen auch mehrere externe Gymnasialschüler Theil.

III. Themata zu schriftlichen Aufsätzen in deutscher Sprache.
8. Klasse.
1. Vollkommenheit ist die Norm des Himmels; vollkommenes Wollen die Norm des Menschen. (Göthe.)
2. Die Rede — des Mannes Bildniss.
3. Non ignara mali miseris succurrere disco. (Vom ästhetischen sowohl als vom moralischen Standpunkte aus zu erörtern.)

4. Nun schau der Geist nicht vorwärts nicht zurück,
   Die Gegenwart allein sei unser Glück. (Göthe.)
5. Die allgemeinsten Kulturmomente zur Zeit der Hohenstaufen.
6. Welche Gründe bestimmten Herder, Horaz den Beinamen „Romanae fidicen lyrae" zu geben?
7. Auf welche Hauptgedanken stützt Lessing seine Deduction des Begriffes der Reinigung der Leidenschaften?
8. Schlegel's Theorie über die Einheit der Handlung an Calderon's Drama „Der standhafte Prinz" dargestellt.
9. Muley, ein Charakterbild, — entworfen nach eben demselben Drama mit besonderer Berücksichtigung der vorwaltenden ästhetischen Verhältnisse.
10. Welchen moralischen Nutzen vermögen gut geschriebene Memoiren zu bringen? (Herder.)
11. Weiser Gebrauch der Zeit. (Nach Horaz.)
12. Macht des Glaubens — psychologisch zu begründen.
13. Welche kulturhistorische Bedeutung hat die Erfindung des Papiers? (Maturitätsprüfungsarbeit.)

7. Klasse.

1. und 2. Je reiner die Gedanken der Menschen sind, desto mehr stimmen sie zusammen. (Herder.)
   a) Disposition. b) Abhandlung.
3. Einfluss des Mittelalters auf die Neuzeit.
4. Was glänzt, ist für den Augenblick geboren,
   Das Echte bleibt der Nachwelt unverloren. (Göthe.)
5. Des Lebens ungemischte Freude
   Ward keinem Irdischen zu Theil. (Schiller.)
5. Solamen miseris socios habuisse malorum! (In Form einer Rede zu behandeln.)
6. Das ist's ja, was den Menschen zieret,
   Und dazu ward ihm der Verstand,
   Dass er im innern Herzen spüret,
   Was er erschafft mit seiner Hand. (Schiller.)
7. Werth der Schauspielkunst. (Nach Collin.)
8. Von der Stirne heiss
   Rinnen muss der Schweiss,
   Soll das Werk den Meister loben.
   Doch der Segen kommt von oben. (Schiller.)

9. Welche ästhetischen Ideen stellt uns Göthe's Iphigenie bei ihrem Auftreten im ersten Akte dar?
10. Hässlichkeit des Undankes (nach den einschlägigen Stellen in Göthe's Iphigenie in epicherematischer Form zu behandeln).
11. Der Mensch ist nie schöner, als wenn er Verzeihung erbittet oder selbst verzeiht. (Jean Paul.)
12. Werth der Ordnung in theoretischer Beziehung.
14. und 15. Werth der Ordnung in praktischer Hinsicht.
a) Im Privatleben, b) im öffentlichen Leben.
16. Kenntnisse, der beste Reichthum. (Die Rede pro Archia besonders zu berücksichtigen.)
17. Man braucht nicht nasse, sondern helle Augen, um sich durch die Holzwege des Lebens zu finden. (Jean Paul.)
18. Welche Ereignisse des 15. Jahrhunderts haben einen Einfluss auf die materielle Kultur?

IV. Lehrmittelsammlungen.

A. Bibliothek

unter der Obsorge des Herrn Juristen-Präfekten und Bibliothekars Dr. Math. G. Ratkowsky.

Die Theresianische Bibliothek hat während des Schuljahres aus dem direkten jährlichen Fonde folgenden Zuwachs erhalten:

Adami, Schul-Atlas 1 Bd.
Allibone S. A., A critical Dictionary of english literature 3. Band.
Annalen der Physik und Chemie von Poggendorf. 1871.
Baker S. W., Der Albert-Nyanza. 2 Bde.
Ballagi, Wörterbuch der deutschen und ungarischen Sprache 1 Band.
Becker K. F., Weltgeschichte. 8. Aufl. 15.—18. Bd.
Behm E., Geographisches Jahrbuch. 1870. 1 Bd.
Bronn, Klassen und Ordnungen des Thierreiches V. Bd. 13. Lf. VI. Bd. 4. Abth. 3.—6. Lief.
Buch der Erfindungen. 7 Bde.
Centralblatt, literarisches von Zarncke. 1871.
Cotta B., Grundriss der Geognosie und Geologie. 1 Bd.
Döllinger J., Die Papst-Fabeln des Mittelalters. 1 Brosch.
Encyclopaedia magyar. 8. Bd.

Fortschritte der Physik im Jahre 1867. 1 Bd.
Geinitz H., Grundriss der Versteinerungskunde 1 Bd.
Geppert, Plautinische Studien. 1 Hft.
Glaser und Unger. Civilrechtliche Entscheidungen. 5. Bd.
Globus. 1871.
Glücks, Pandekten Serie der Bücher 37 und 38. 1. Thl. und 47. Theil 1. Abth.
Gräbner, Robinson Crusoë. 1 Bd.
Gray G. R., Hand-list of birds. 2 Bde.
Griechische Anthologie. 2 Bde.
Grimm J., Deutsches Wörterbuch. IV. Band. 4. Lief. V. Band. 10. Lief.
Hartmann C., Handbuch der Mineralogie. 2 Bde.
„ „ Handwörterbuch der Mineralogie und Geognosie. 1 Band.
Hauer, Geologische Karte. 3. Blatt.
Hartmann Ed., Philosophie des Unbewussten. 1 Bd.
Herbart. Sämmtliche Werke. 7 Bde.
Hermann F. Staatswirthschaftliche Untersuchungen. 1 Bd.
Hildebrandt E., Reise um die Erde. 1 Bd.
Holzgethan G., Theorie der Statistik. 1 Bd.
Jäger G., Zoologische Briefe. 1. und 2. Lief.
Jahrbuch für wissenschaftliche Pädagogik von Ziller. 1.—3. Bd.
Jahrbücher für Philologie und Pädagogik. 1871.
Kandra J., Fabiola növére. 1 Bd.
Kiepert H., Völker- und Sprachenkarte von Deutschland. 1 Bl.
„ „ Atlas von Hellas. 2. Lief.
„ „ Völker- und Sprachenkarte von Oesterreich. 1 Bl.
„ „ Kleiner Atlas. 1 Bd.
Kittlitz, Denkwürdigkeiten einer Reise. 2 Bde.
Kurz H., Leitfaden zur Geschichte der deutschen Literatur. 1 Bd.
Lecky, Sittengeschichte Europas. 2 Bde.
Lemcke, Aesthetik. 1 Bd.
Leonhard C., Handbuch einer allg. topograph. Mineralogie. 3 Bde.
Leonhard G., Grundzüge der Mineralogie. 1 Bd.
„ „ Handwörterbuch der topograph. Mineralogie. 1 Bd.
Lindner G. A., Ideen zur Psychologie der Gesellschaft. 1 Bd.
Lorenz O., Deutschlands Geschichtsquellen im Mittelalter. 1 Bd.
Mittheilungen, geographische von Petermann. 1871.
„ der k. k. geographischen Gesellschaft in Wien. 1870.

Müller Max, Essays. 2 Bde.
Natur und Offenbarung. Zeitschrift 1871.
Ordnung des peinlichen Gerichts K. Karls V. 1 Bd.
Pestalozzi's Werke. 1.—33. Lief.
Pfeiffer F., Deutsche Klassiker des Mittelalters. 10. Bd.
Planti commoediae. 1. Bd. 1. Hft.
Proudhon P., Die Widersprüche der National-Oekonomie. 2 Bde.
Pütz W., Historisch-geograph. Schul-Atlas. 2 Bde.
„ „ Leitfaden zum Unterrichte in der Geschichte des preussischen Staates 1 Brosch.
Quenstedt F., Handbuch der Mineralogie. 1 Bd.
Reuchlin, Geschichte Italiens. 3. Bd.
Reuter F., Ein Referat über Curtius griechische Schulgrammatik. 1 Brosch.
Sachsze K., Sachsenspiegel. 1 Bd.
Schleicher A., Die deutsche Sprache. 1 Bd.
Schmidt F., Petrefactenbuch. 1 Bd.
Schönwalder K., Geschichte des k. Gymnasiums zu Brieg. 1 Bd.
Schrader W., Erziehungs- und Unterrichtslehre für Gymnasien und Realschulen. 1 Bd.
Schmid K., Encyclopädie des gesammten Erziehungs- und Unterrichtswesens. 8. Bd.
Schulte J., Die Macht der römischen Päpste über Fürsten, Länder, Völker und Individuen. 1 Brosch.
Stanley Lord, Rektoratsrede gehalten am 1. April 1869. 1 Brosch.
Stein L., Verwaltungslehre. 7. Bd.
„ „ Handbuch der Verwaltungslehre. 1 Bd.
Teuffel W., Geschichte der römischen Literatur. 1 Bd.
Topographie von Niederösterreich. 1. Lief.
Vilmar, Geschichte der deutschen Literatur. 1 Bd.
Wallace A., Beiträge zur Theorie der natürlichen Zuchtwahl.
Walter F., Juristische Encyclopädie. 1 Bd.
„ „ Lehrbuch des Kirchenrechts. 1 Bd.
Wappäus, Handbuch der Geographie und Statistik. I. 16. Lief. III. 10. Lief.
Wattenbach, Deutschlands Geschichtsquellen im Mittelalter 1 Bd.
Weiss K., Geschichte der Stadt Wien. 1.—5. Lief.
Wetzel E., Allg. Himmelskunde. 2. Aufl. 1 Bd.
Windscheid B., Lehrbuch des Pandektenrechts. 3. Bd. 2. Abth.
Zeitschrift für österr. Gymnasien. 1871.

Zeitschrift für das Gymnasialwesen. 1871.
„ „ Mathematik und Physik. 1871.
„ „ mathemat. und naturwiss. Unterricht. 1871.
„ „ Rechtsgeschichte. 1871.
„ historische von Sybel. 1871.
Zöpfl, Deutsche Rechtsgeschichte. 3. Aufl. 1 Bd.
Zsihovics F. Szentek élete. 4. Bd. 3. Lief.

An Geschenken wurden der Bibliothek zugewendet:

a) Vom hohen k. k. Ministerium für Cultus und Unterricht: Jahresbericht für 1870. 1 Bd.

b) Von Sr. Excellenz dem Herrn Curator Anton Ritter von Schmerling:
Protokolle des Abgeordnetenhauses. 16 Bde.
„ „ Herrenhauses. 5 Bde.
„ der Delegation des Reichsrathes 1 Bd.

c) Von der k. Akademie der Wissenschaften: Fortsetzung der Sitzungsberichte beider Klassen, des Archivs für Kunde der österr. Geschichtsquellen und der Denkschriften der philosophisch-historischen Klasse.

d) Von der k. k. geologischen Reichsanstalt: Fortsetzung der Verhandlungen derselben.

e) Von der k. k. Hof- und Staatsdruckerei: Bericht über die allg. Agricultur- und Industrie-Ausstellung zu Paris im Jahre 1855. 3 Bde.
Bevölkerung und Viehstand von Oesterreich unter der Enns nach der Zählung vom Jahre 1869. 1 Bd.

f) Von dem k. k. Krankenhause auf der Wieden: Bericht vom Solar-Jahre 1869. 1 Bd.

g) Vom Herrn Regierungsrath und Direktor der Theres. Akademie Dr. Ritter von Pawlowski: Verhandlungen des Vereines für Naturkunde zu Pressburg. Jahrgänge 1856, 1858 und 1859. 3 Bde. — Maly J., Flora von Deutschland. 1 Bd. — Rechenberg: Die Geheimnisse des Tages. 1 Bd. — Ennemoser F.: Eine Reise vom Mittelrhein nach New-Orleans. 1 Bd. — Acta literaria Musei nationalis Hungarici. 1 Bd. — Sculptura historiarum et temporum memoratrix. 1 Bd. — Alexandrowicz A.: Rozbior chemiczny wod lekarskich w Iwoniczu. 1 Brosch. — Dechant N.: Kreuzfahrer-Münzen. 1 Brosch. — Dechant N.: Aes grave Romanum. 1 Brosch. — Karabaček J.: Geschichte der Kupferwährung unter Soleiman II. 1 Brosch. — Kossuth L: Die Katastrophe in Ungarn. 1 Brosch. — Krones F.: Zur ältesten Geschichte Kaschau's. 1 Brosch.

h) Vom Herrn Dr. A. Kauer: Elemente der Chemie. 1 Bd.
i) „ „ C. Putz: System des ungar. Privatrechts. 1. Bd.
k) Vom Herrn Präfekten Koutný: Püchler B., Geschichte der Regierung Kaiser Franz I. 3 Bde. — Světla K.: Der Segen der Schule. 10 Bde. — Bumba J.: Pilgerreise nach dem heiligen Lande. 10 Bde.
l) Vom Herrn Dr. Wiedemann: Nöggerath J.: Der Laacher See. 1 Brosch. — Settegast: Aufgaben und Leistungen der modernen Thierzucht. 1 Brosch. — Dudik B.: Bericht über die Diöcese Olmütz durch den Kardinal Franz von Dietrichstein im Jahre 1634. 1 Brosch. — Blätter für Wissenschaft, Kunst und Leben aus der kath. Schweiz. 1870. — Deutschlands Ehrendenkmal für seine gefallenen Söhne. 1 Brosch. — Libussa: Jahrbuch für 1852. 1 Bd. — Stolz A.: Ronge und Forstner in Wien. 1 Brosch.
m) Vom Herrn Professor Hermann: Der deutsche Satz. 1 Bd.
n) Von der Buchhandlung Herbig in Berlin: Plötz: Zweck und Methode der französischen Unterrichtsbücher. 1 Brosch. — Plötz C.: Schulgrammatik der franz. Sprache. 1 Bd. — Plötz C.: Elementar-Grammatik der franz. Sprache. 1 Bd.
o) Vom Herrn Anton Wessely: Struve G.: Das Seeleben oder die Naturgeschichte des Menschen. Die Pflanzenkost die Grundlage einer neuen Weltanschauung. 1 Bd. — Lane Ch.: Nur Pflanzenkost! 1 Bd. — Graham S.: Eine Vorlesung für junge Männer über die Keuschheit. 1 Bd. — Kubiček: Populäre Gesundheitslehre. 1 Bd. — Baltzer: Die natürliche Lebensweise. 1 Bd. — Zimmermann W.: Der Weg zum Paradies. 1 Bd. — Trall R.: Die wahre, vernunftgemässe Heilkunde. 1 Bd.
p) Vom Herrn Dr. J. Reitzes: Zur Geschichte der religiösen Wandlung Kaiser Maximilians II. 1 Brosch.
q) Vom Herrn K. Heller: Leitfaden der Naturgeschichte. 1 Bd.
r) Vom Herrn A. Faschinsky: Kletzinsky V.: Populäre Vorträge über Gesundheitspflege. 1 Bd.
s) Vom Herrn Kostrenčič: Vrtić: Pjesme Frankopana 1 Bd.
t) Von der Beck'schen Universitäts-Buchhandlung in Wien: Hannak E.: Geschichte des Alterthums. 1 Bd. — Schramm J.:

Anfangsgründe der Geometrie 1 Bd. — Lielegg: Erster Unterricht aus der Chemie am Realgymnasium. 1. Bd. — Hinrichs: Verzeichniss der Bücher vom Jahre 1870.

Die Theresianische Bibliothek, deren Benützung sowohl den Angestellten als auch den internen und externen Schülern der Akademie unter den gesetzlichen Vorschriften gestattet ist, enthielt am Schlusse des Jahres 1870: 32.632 Bände, 5448 Broschüren, 128 Handschriften, 48 Atlanten und andere Kartenwerke, an Kupferstichen und Zeichnungen 669 Blätter und 47 Pläne.

B Physikalische Sammlung.

unter der Obsorge des Berichterstatters.

Dieselbe erhielt im Schuljahre 1871 folgenden Zuwachs:

Quecksilber-Luftpumpe. — Buchstaben-Telegraph sammt Taster. — Thermosäule von Noë. — Elektrischer Motor. — Apparat für den Quecksilberregen durch Luftdruck — Springbrunnen-Apparat durch Luftdruck. — Wunderkammer. — Vorbenannte Apparate wurden vom k. k. Hof-Mechaniker Herrn W. J. Hauck geliefert.

Eine vollständige Kollektion von Kreiseln mit allen Nebentheilen vom Mechaniker C. Schmidt in Dresden.

Wandtafel der Schnee-Krystalle vom Hrn. Ingenieur Sekyra.

Wandtafel des Caselli'schen Pantelegraphen, von demselben.

C. Naturhistorische Sammlung

unter der Obsorge des Herrn Professors K. B. Heller.

Die naturhistorische Sammlung hat, wie schon in den früheren Jahresberichten hervorgehoben wurde, durch die Munificenz des h. Curatoriums, so wie durch die eingehendste Theilnahme des Herrn Akademie-Direktors eine ganz neue Aufstellung, zahlreiche Ergänzungen und eine ungewöhnliche Vermehrung an werthvollen Objekten erfahren, und es steht zu erwarten, dass sie in längstens einem Jahre in einer der Akademie würdigen Weise den Schülern zur lehrreichen Benützung wird überlassen werden können. Unter einem hat auch die Schulsammlung, welche die für den täglichen Unterricht in der Schule nothwendigen Objekte enthält, eine neue, zweckmässige Anordnung erfahren und bietet fast alles für die Anschauung wichtiges und lehrreiches.

Zugewachsen sind im Schuljahre 1871:

Geschenke:

1) Vom Herrn Apotheker August Moll: 45 Stück Mineralien aus Südamerika in 10 Arten; ebendaher 25 Stück Käfer in 12 Arten, und 23 chemische Präparate (Salzkrystalle).
2) Vom Herrn Professor Dr. Andreas Kornhuber: 22 Stück Insektengallen.
3) Vom k. k. zoologischen Kabinet: 2 Stück Insekten, 19 Mollusken, 14 Würmer, 4 Crustaceen, 9 Stralthiere, 1 Qualle, 10 Polypen — grösstentheils Spiritus-Präparate.
4) Vom Herrn kais. Rath Ludwig Ritter von Köchel: 6 Stück Mineralien in drei seltenen Arten (Krokydolith, Blauquarz und Anthrakolith).
5) Von der k. k. geolog. Reichsanstalt: 95 tertiäre Versteinerungen in 245 Exemplaren und 14 Felsarten und Steine.
6) Vom Herrn Akademie Direktor, Regierungsrath Dr. A. Ritter von Pawlowski: 6 Stück geschliffene Steine.
7) Vom Herrn F. Braunhofer, pens. Hausinspektor: 9 Conchylien in 11 Exemplaren.
8) Von dem Zögling Leopold Br. Bees: 1 Jasp-Opal.
9) Von dem ext Schüler Eugen Raspi: 1 Schwefelkies.
10) Von dem Zögling Ernest Cischini: 1 Goldamsel.

Durch Kauf:

1) Vom Herrn Sam. Egger: 72 Mineralien.
2) Vom Herrn Erber: 25 Arachniden und Myriapoden, 5 Crustaceen, 6 Radiaten, 14 Polypen, 2 Spongiden und 50 Arten Vogeleier.
3) Vom Steinschleifer Ferd. Klement: 17 Stück geschliffene Steine zur Kompletierung der Edelstein-Sammlung.
4) Vom Dr. August Krantz in Bonn: 44 Mineralien, 13 Gebirgsarten und 150 Peträfacten.
5) Vom Herrn Hartinger & Sohn: Dr. H. Kundrat's Anatomische Wandtafeln.
6) Aus Karlsbad: 3 geschliffene Sprudelsteine.
7) Vom Herrn Brandelmeyer: 1 Tachyglossus (Echidna) hystrix aus Neuholland.

V. Wichtigere Verordnungen der hohen Unterrichtsbehörden.

1. Erlass des h. U.-M. v. 20. August 1870, Z. 7648, womit angeordnet wird, dass aus Mittelschulen austretende Schüler, welche sich noch im schulpflichtigen Alter befinden, der betreffenden Ortsschulbehörde angezeigt werden.

2. Erlass des h. U.-M. v. 28. Sept. 1870, Z. 8643, womit angeordnet wird, dass Prämienbücher nur an solchen Mittelschulen, wo besondere zu diesem Zwecke bestimmte Mittel zu Gebote stehen, auch fernerhin vertheilt werden können, doch können hiezu künftighin aus Staatsmitteln keine Beiträge mehr geleistet werden.

3. Erlass des h. U.-M. v. 30. Okt. 1870, Z. 10795, womit gestattet wird, dass bei den Aufnahms-Prüfungen am k. k. Theres. Gymnasium von den Bestimmungen der Minist.-Verordnung vom 14. März 1870, Z. 2370, welcher zu Folge auch die Religionslehre einen Gegenstand dieser Prüfung zu bilden hat, ohne Unterschied der Konfession Umgang genommen werde.

4. Erlass des h. U.-M. v 28. Okt. 1870, Z. 8692, womit bestimmt wird, dass für Schüler, welche nach den Bestimmungen des Gesetzes v. 25. Mai 1868, Art. IV und VI als konfessionslos erscheinen, die nämlichen Rücksichten Platz greifen, welche für nicht katholische Schüler an Orten massgebend sind, wo sie keinen Religionsunterricht ihrer Konfession erhalten können; in dem Semestralzeugnisse wird also statt der Note aus der Religionslehre die Ursache, aus welcher eine solche entfällt, ersichtlich zu machen sein.

5. Erlass des h. U.-M. v. 18. Nov. 1870, Z. 11657, womit die Religionslehrbücher von Rudolf Peuker: Geschichte der göttlichen Offenbarung des alten und neuen Bundes, 2 Theile, Wien 1870, zum Unterrichtsgebrauche an Untergymnasien und Realgymnasien innerhalb des Bereiches des Wiener fürsterzbischöflichen Ordinariates allgemein zugelassen werden.

6. Erlass des h. U.-M. v. 30. Nov. 1870, Z. 11740, womit bestimmt wird, dass absolvirte Schüler eines Realgymnasiums bezüglich der Aufnahme in das pharmaceutische Studium den absolvirten Schülern eines anderen Untergymnasiums nur unter der Bedingung gleichgestellt werden können, wenn sie den Unterricht im Griechischen genossen haben.

7. Erlass des h. U.-M. v. 29. Jänner 1871, Z. 495, womit die Direktion beauftragt wird, auf Mitglieder des Lehrstandes, welche der k. k Landwehr als Offiziere angehören, dahin einzuwirken, dass sie behufs entsprechender militärischer Ausbildung sich freiwillig zur zeitweiligen Dienstleistung beim stehenden Heere, eventuell zur Intervention bei der nächstfolgenden Landwehr-Rekruten-Ausbildung melden. Der hierzu erforderliche Urlaub ist den Betreffenden selbst dann zu ertheilen, wenn damit auch eine vermehrte Thätigkeit der Mitbeamten derselben in diesem Falle zur Nothwendigkeit werden sollte.

8. Erlass des hohen n. ö. Landesschulrathes vom 1. April 1871, Z. 772, womit bestimmt wird, dass künftighin nach Schluss des ersten Semesters die Einsendung einer tabellarischen Uebersicht der Klassifikation statt des bisherigen Semestral-Berichtes genüge.

9. Erlass des hohen U.-M. vom 31. März 1871, Z. 724, womit die Einsendung von 224 Exemplaren des für das Schuljahr 1871 zu publicierenden Programmes zum Austausche mit den k. preussischen Gymnasien und von 30 Exemplaren desselben Programmes zum Austausche mit den k. baierischen Gymnasien angeordnet wird.

10. Mit Erlass des n. ö. L.-Sch.-R v. 17. Mai 1871, Z. 1354, wird in Gemässheit des h. U.-M. v. 21. Dez. 1770, Z. 11788 gestattet, dass am k. k. Theres. Gymnasium die Zahl der wöchentlichen Religionsunterrichtsstunden in der 8. Klasse auf zwei reduciert und die dadurch disponibel gewordene wöchentliche Lehrstunde dem mathematischen Unterrichte in dieser Klasse zugewiesen werde.

11. Erlass des h. U.-M. v. 27. Juni 1871, Z. 6037, womit Professor Vielhaber's Uebungsbuch zur Einübung der Formenlehre und der Elementar-Syntax des Lateinischen 1. und 2. Heft, zum Unterrichtsgebrauche an Gymnasien und Realgymnasien mit deutscher Unterrichtssprache allgemein zugelassen wird.

12. Erlass des h. U.-M. v. 16. Juni 1871. Z. 6608, womit der hochw. Abt Herr Dr. Karl Rimely zum Prüfungs-Kommissär für die Maturitäts-Prüfung aus der ungarischen Sprache und Geschichte am k. k. Theresianischen Gymnasium für das Schuljahr 1871 ernannt wird.

VI. Statistik.

Zahl der Schüler am Anfange des Schuljahres:

Klasse:	I.	II.	III.	IV.	V.	VI.	VII.	VIII.	Zusammen.
Zöglinge:	22	27	22	27	26	26	24	18	192
Externe:	31	14	19	14	11	11	8	10	118
	53	41	41	41	37	37	32	28	310

Am Ende des I. Semesters:

Klasse:	I.	II.	III.	IV.	V.	VI.	VII.	VIII.	Zusammen.
Zöglinge:	20	29	22	27	26	25	24	18	191
Externe:	29	14	19	14	11	11	8	10	116
	49	43	41	41	37	36	32	28	307

Am Schlusse des Jahres:

Klasse:	I.	II.	III.	IV.	V.	VI.	VII.	VIII.	Zusammen.
Zöglinge:	18	29	22	27	23	25	23	18	185
Externe:	24	12	19	13	11	11	9	10	109
Privatisten:	1	—	1	3	1	1	1	—	8
	43	41	42	43	35	37	33	28	302

Gesammtzahl der Schüler am Schlusse des Schuljahres 1870: 299
„ „ „ „ „ „ „ 1871: 302
Daher ergibt sich gegen das Vorjahr eine Zunahme von: 3

Das eingehobene Schulgeld, welches an den Fond der k. k. Theresianischen Akademie abgeführt wird, betrug 2139 fl.

Die Zahl der Stipendisten unter den externen Schülern betrug 10 mit einem Stipendiengenusse von 1855 fl. 25 kr.

Nach dem Religionsbekenntnisse waren unter den 294 öffentlichen Schülern um Schlusse des Jahres:

    Römisch-Katholische 261
    Griechisch-Katholische . . . 1
    Evangelische A. C. 9
    „   H. C. 6
    Griechisch oriental. 12
    Israeliten 5

Nach der Nationalität:

    Deutsche 177
    Czecho-Slaven 21
    Polen 14
    Ruthenen 2

Slovenen 5
Serben und Croaten 9
Ungarn 46
Italiener 12
Rumänen 6
Griechen 2

Zur Maturitätsprüfung am Schlusse des Schuljahres 1871 haben sich 27 Schüler der 8. Klasse und 3 Externisten gemeldet, welche die schriftlichen Prüfungen am 14., 15., 16. und 17. Juni abgelegt haben.

Die mündliche Prüfung wird am 24., 25. und 26. Juli abgehalten werden.

Die zwei Abiturienten, welche bei der im Juli 1870 abgehaltenen Maturitätsprüfung wegen ungenügender Leistungen in je einem Gegenstande das Zeugnis der Reife nicht erhielten, haben die Prüfung im Oktober und November v. J. mit günstigem Erfolge wiederholt.

Ein Externist, der sich im Laufe dieses Schuljahres zur Maturitätsprüfung gemeldet hatte, wurde, nachdem die schriftlichen Arbeiten durchwegs nicht genügten, zur mündlichen Prüfung nicht zugelassen und angewiesen, sich nicht vor Ablauf eines Jahres zur Wiederholung der Prüfung zu melden.

VII. Chronik des Gymnasiums.

Der Lehrkörper des Gymnasiums war, was die in den Status desselben gehörigen Mitglieder betrifft, ebenso zusammengesetzt, wie in dem Vorjahre. Mit Schluss dieses Schuljahres steht jedoch in demselben ein wichtige Veränderung bevor, da mit Allerhöchster Entschliessung vom 5. Juli d. J. Professor Ptaschnik zum Direktor des im IX. Bezirke Wiens neu zu errichtenden Staats-Gymnasiums ernannt wurde. An ihm verliert der Theresianische Lehrkörper eines seiner tüchtigsten, verdientesten und geschätztesten Mitglieder. Die besten Wünsche seiner langjährigen Kollegen, die Liebe und Dankbarkeit seiner Schüler werden den hochgeachteten Freund und Lehrer in den neuen, erweiterten Wirkungskreis begleiten, zu dem ihn das Allerhöchste Vertrauen des Monarchen berufen hat; möge auch er eine freundliche Erinnerung der Lehranstalt bewahren, an welcher er durch 20 Jahre als von der Jugend verehrter Lehrer und allgemein geschätzter Kollege in verdienstlichster Weise gewirkt hat.

So wie in früheren Jahren haben sich auch heuer mehrere Präfekte der Theresianischen Akademie, welche die vollständige Qualifikation für das Gymnasial-Lehramt besitzen, nämlich die Herren Johann Schwarz, Franz Then und Josef Ortmayr freiwillig am Unterrichte betheiligt.

Die akademischen Präfekte und geprüften Lehramts-Kandidaten Herr Dr. Theodor Cicálek, Herr Wenzl Koutný und Herr Max Borowský legten in diesem Schuljahre das gesetzlich vorgeschriebene Probejahr an diesem Gymnasium ab.

Nicht unerwähnt darf auch bleiben, dass am 24. April d. J. Herr Professor Eduard Hermann in den neu konstituirten Ortsschulrath des IV. Bezirkes als Mitglied berufen, und Herr Professor Dr. Hermann Suttner für das nächste Schuljahr wiederholt zum Dekan des philosophischen Doktoren-Kollegiums der Wiener Universität gewählt wurde.

Der 13. Oktober v. J. bot dem Lehrkörper des Gymnasiums die willkommene Gelegenheit dar, dem allgemein verehrten Direktor der Theresianischen Akademie Herrn Regierungsrath Ritter von Pawlowski aus Anlass der an denselben erfolgten Verleihung des Ordens der eisernen Krone III. Klasse die aufrichtigsten Glückwünsche darzubringen.

Eine freudige Theilnahme erregte, wie überall, so auch im Lehrkörper dieses Gymnasiums die durch Verleihung des Titels und Charakters eines k. k. Hofrathes dem so hochverdienten und allgemein verehrten Herrn Landesschul-Inspektor Karl Enk von der Burg zu Theil gewordene Auszeichnung, und am 27. Juni beglückwünschte eine Deputation im Namen des Lehrer-Kollegiums den Gefeierten.

Mit Allerhöchster Entschliessung vom 20. Juni v. J. wurde dem Berichterstatter der Titel und Charakter eines Regierungsrathes allergnädigst taxfrei verliehen.

Endlich muss bei Besprechung der Personal-Angelegenheiten auch berichtet werden, dass mit Schluss des vorigen Schuljahres der hochwürdige Herr Bibliothekar P. Ignaz Hradil durch seinen Uebertritt in den wohlverdienten Ruhestand aus dem Verbande dieser Anstalt schied. Derselbe war am 13. September 1844 als

Präfekt in die Theresianische Akademie eingetreten und an derselben als solcher sowohl als auch als Humanitäts-Professor, Religionslehrer, Professor der böhmischen Sprache und Bibliothekar durch 26 Jahre in stets vorzüglicher Weise in Verwendung gestanden. Seine vielfachen, in diesen verschiedenen Berufsstellungen erworbenen Verdienste wurden von Seiner Majestät durch die mit Allerhöchster Entschliessung vom 19. November 1870 erfolgte Verleihung des goldenen Verdienstkreuzes mit der Krone anerkannt, und sichern demselben eine bleibende, dankbare Erinnerung von Seite dieser Anstalt. Möge es dem trefflichen Manne vergönnt sein, sich eine lange Reihe von Jahren des so wohlverdienten otium cum dignitate zu erfreuen!

Das Schuljahr 1870/71 begann am 1. Oktober mit dem heil. Geistamte, welches der hochw. Herr Prälat Josef Holzinger in solenner Weise zu celebrieren die Güte hatte.

Die Allerhöchsten Geburts- und Namensfeste Sr. k. und k. Apostolischen Majestät unseres Allergnädigsten Herrn und Kaisers Franz Josef I. und Ihrer Majestät der Allerdurchlauchtigsten Kaiserin Elisabeth wurden, wie alljährlich, in gebührender Weise durch solenen Gottesdienst feierlich begangen.

So wie in den Vorjahren sind auch heuer der Anstalt zahlreiche Beweise huldvoller Fürsorge, worunter auch insbesondere die für jene Zöglinge, welche die Weihnachtsfeiertage nicht im Familienkreise zubringen konnten, veranstaltete Christbaumfeier in der Akademie, bei welcher sich neuerlich auch die wahrhaft väterliche Liebe zur Jugend von Seite des Herrn Akademie-Direktors in hervorragender Weise bethätigte, hervorzuheben ist, von Seite Seiner Excellenz des Herrn Kurators der Theresianischen Akademie und Präsidenten des obersten Gerichtshofes Anton Ritter von Schmerling zu Theil geworden. Hochderselbe beehrte die Akademie sowohl bei allen festlichen Anlässen, als auch sonst noch sehr oft mit seinem Besuche. Die Festabende des 18. Novembers 1870 und 22. April 1871, an denen das Allerhöchste Namensfest Ihrer Majestät der Kaiserin und das hohe Namensfest Seiner kaiserlichen Hoheit des Kronprinzen Rudolf von Seite der akademischen Zöglinge durch musikalische Produktionen in dem Festsaale der Anstalt gefeiert wurden, waren ebenfalls durch seine Anwesenheit ausgezeichnet.

In freudig dankbarer Stimmung wurde daher das hohe Namensfest Seiner Excellenz am Abende des 12. Juni in dem

Konzertsaale der Akademie durch musikalische Produktionen von Seite der Zöglinge gefeiert.

Die gottesdienstlichen Uebungen der Schüler des Gymnasiums waren im Sinne der h. U.-M.-Verordnung vom 5. April 1870, Z. 2916 geregelt. Am 30. April empfingen 15 Schüler nach vorausgegangener Vorbereitung durch den hochw. Herrn Katecheten Professor Dr. Leinkauf in feierlicher Weise zum ersten Male die heil. Kommunion.

Der Trauergottesdienst für weiland Seine Majestät Kaiser Karl VI., für weiland Ihre Majestät die Kaiserin Maria Theresia und für weiland Seine Majestät Kaiser Franz I. wurde an den Gedächtnisstagen wie alljährlich abgehalten.

Am 21., 22., 24., 25. und 28. April nahm der Herr k. k. Landesschul-Inspektor Dr. Josef Krist die Inspektion des Gymnasiums vor.

Schliesslich liegt dem Berichterstatter noch die traurige Pflicht ob, das am 24. März erfolgte Ableben des Lehrers der italienischen Sprache Herrn Franz Benetelli zu verzeichnen, der seit dem Jahre 1850 diese Stelle in der verdienstlichsten Weise bekleidet hatte. Zahlreiche, dankbare Schüler bewahren ebenso wie die Kollegen des Dahingeschiedenen demselben eine ehrende Erinnerung.

Das Schuljahr 1870—71 wird am 27. Juli d. J. mit einem feierlichen, um 8 Uhr Früh in der akademischen Hauskapelle abzuhaltenden Dankamte und der darauf folgenden Prämienvertheilung geschlossen werden.

Das nächste Schuljahr 1871—72 beginnt am 2. Oktober d. J.

Die Anmeldungen neu eintretender externer Schüler zur Aufnahme in dieses Gymnasium werden am 28. September d. J. von 9—12 Uhr vormittags in der Gymnasial-Direktions-Kanzlei entgegengenommen werden. Aufnahmsbewerber für den Eintritt in die erste Gymnasialklasse haben den Tauf- oder Geburtsschein beizubringen und sich hierauf einer Prüfung zu unterziehen, von deren Erfolge ihre Aufnahme in das Gymnasium abhängig ist.

Solche Schüler, welche in eine höhere Klasse des Gymnasiums als die erste einzutreten wünschen, haben nebst dem Geburtsscheine auch noch die Studienzeugnisse der beiden letzten Semester vorzulegen.

Alle neu Eintretenden haben bei der Anmeldung eine Aufnahmstaxe von 2 fl. 10 kr. zum Lehrmittelfonde zu erlegen.

Jene Externe, welche dieses Gymnasium schon besuchten, haben sich zur Aufnahme für das kommende Schuljahr am 1. Oktober d. J. zwischen 9 und 11 Uhr vormittags bei der Gymnasial-Direktion zu melden.

Wien, im Juli 1871.

Dr. Heinrich Mitteis.